LULA AJUDA QUEM MAIS PRECISA
CB136810
LULA PELO BRASIL
FILIE-SE AO
PT
free lula
MILHÕES DE L
LULA
LIVRE
«Brasil ya no puede continuar convivien
con tanta desigualdad. Necesitamos venc
el hambre, la miseria y la exclusión socia
Nuestra guerra no es para matar a nadie;
es para salvar vidas».
Luiz Inácio Lula da S
Durante su presidencia Lula sacó de la mise
extrema a 30 millones de personas. Eso es l
que no tolera la oligarquía y el imperialismo
¡Libertad a Lula!
POSSE DE LULA PRESIDENTE
1º DE JANEIRO DE 2003
LULA
LIVRE
reiheit Lula
ula
Liria Lula
自由盧拉
libre
Free Lula
UM MARINHEIRO ME CONTOU QUE A BOA BRISA LHE SOPROU QUE VEM AÍ BOM TEMPO
CHICO BUARQUE
LULA LIVRE
LULA LIVRE
LULA LIVRE
Meu querido Presidente Lula,

QUERIDO LULA

Cartas a um presidente na prisão

Organização de **Maud Chirio**

Com a colaboração de Ernesto Bohoslavsky, Luciana Heymann, Ana Lagüéns, Angela Moreira, Benito Schmidt e Adrianna Setemy

Pesquisa documental de Ana Lagüéns

BOITEMPO

Direção-geral Ivana Jinkings
Edição Alyne Azuma
Coordenação de produção Livia Campos
Assistência editorial Frank de Oliveira e João Cândido Maia
Pesquisa arquivística, iconográfica e reprodução das cartas Ana Lagüéns
Fotos Ricardo Stuckert
Revisão Juliana Biscardi
Diagramação Antonio Kehl
Capa Collecta Estúdio

Equipe de apoio Camila Nakazone, Elaine Ramos, Erica Imolene, Frederico Indiani, Higor Alves, Isabella Meucci, Ivam Oliveira, Kim Doria, Lígia Colares, Luciana Capelli, Marcos Duarte, Marina Valeriano, Marissol Robles, Maurício Barbosa, Pedro Davoglio, Raí Alves, Thais Rimkus, Tulio Candiotto, Uva Costriuba

CIP-BRASIL. CATALOGAÇÃO NA PUBLICAÇÃO
SINDICATO NACIONAL DOS EDITORES DE LIVROS, RJ

Q53

Querido Lula : cartas a um presidente na prisão / organização Maud Chirio ; colaboração Ernesto Bohoslavsky ...[et al.]. - 1. ed. - São Paulo : Boitempo, 2022.

Contém: Dois cadernos de imagens
ISBN 978-65-5717-156-1

1. Silva, Luíz Inácio Lula da, 1945- - Correspondências. 2. Cartas brasileiras. I. Chirio, Maud. II. Bohoslavsky, Ernesto.

22-77698 CDD: 869.6
CDU: 82-6(81)

Gabriela Faray Ferreira Lopes - Bibliotecária - CRB-7/6643

Esta obra foi publicada com o auxílio do Laboratório de Análise Comparada dos Poderes (ACP) – EA 3350 da Universidade Gustave Eiffel.

Esta edição também contou com o apoio da Fundação Perseu Abramo.

1ª edição: maio de 2022
1ª reimpressão: julho de 2022

BOITEMPO
Jinkings Editores Associados Ltda.
Rua Pereira Leite, 373
05442-000 São Paulo SP
Tel.: (11) 3875-7250 / 3875-7285
editor@boitempoeditorial.com.br
boitempoeditorial.com.br | blogdaboitempo.com.br
facebook.com/boitempo | twitter.com/editoraboitempo
youtube.com/tvboitempo | instagram.com/boitempo

Sumário

Sindicato dos Metalúrgicos do ABC, São Bernardo do Campo-SP, 7 de abril de 2018 (dia da prisão).

Depois de muitas conversas, meu mano Toni C, da fantástica editora Literarua, e eu decidimos fazer um livro sobre a primeira *mixtape*, mas não um livro que simplesmente mostrasse minhas perspectivas a respeito do Brasil, e sim um livro que mostrasse a imensidão de consequências diretas ou indiretas daquele tipo de pensamento e espírito. Nossa ideia foi fazer uma antologia que trouxesse artistas, estudantes, professores, sociólogos, jornalistas, empresários, escritores, historiadores, ativistas, políticos, editores, produtores musicais etc., enfim, irmãos e irmãs que em algum momento da última década tivessem se inspirado na gente e nos inspirado de volta.

Tínhamos um time maravilhoso, mas precisávamos de um prefácio à altura. Aquela antologia era um salto em um universo imenso, e chegamos à conclusão de que a melhor forma de abrir aquele livro seria com as palavras daquele que era presidente quando a *mixtape* foi lançada: ninguém menos do que Lula, o presidente que fez com que o Brasil inteiro, sobretudo pessoas com trajetórias como as nossas, acreditasse que era possível vencer!

Além de comemorar a data importante, também acreditamos que abrir o livro com as palavras de Lula seria nossa forma de protestar contra a prisão injusta a que ele havia sido submetido e, infelizmente, na qual ainda se encontrava naquele momento.

No dia 5 de novembro de 2019, recebemos uma carta do "hómi" direto de Curitiba. Ficamos emocionados com as palavras do presidente sobre sua trajetória e como ela dialogava não somente com a nossa, mas também com a de todos os que participavam da antologia e de nossos semelhantes.

Ao final da carta, o presidente disse algo muito bonito que me marcou bastante: "Quando você for velhinho cheio de energia, não importa onde você estiver, você irá se emocionar e deixar cair uma lágrima no papel ao ler a carta de um jovem cuja vida você de alguma forma tocou. E vai pensar que valeu, sim, muito a pena".

Foucault tinha razão, uma carta é uma maneira de se fazer presente. Nas próximas páginas, você encontrará uma pequena amostra das mais de 25 mil correspondências endereçadas à cela que, embora tenha privado temporariamente Luiz Inácio Lula da Silva de sua liberdade, não foi capaz de afastar o povo brasileiro de seu sonho por um país melhor e de quem o representa.

São Paulo, abril de 2022

Introdução

Maud Chirio

A imagem do ex-presidente Lula sendo carregado por uma multidão em frente ao Sindicato dos Metalúrgicos do ABC, em São Bernardo do Campo, na região metropolitana de São Paulo, correu o mundo. Era o dia 7 de abril de 2018 e, algumas horas depois, Lula seria preso. Em janeiro do mesmo ano, o ex-presidente teve sua condenação por corrupção passiva e lavagem de dinheiro confirmada em segunda instância e, após alguns meses de impasse, o Supremo Tribunal Federal (STF) rejeitou o pedido de *habeas corpus* feito por sua defesa, abrindo caminho para que em 5 de abril o então juiz federal Sérgio Moro decretasse sua prisão.

Depois do anúncio da decisão, Lula se dirigiu ao local onde, quarenta anos antes, teve início sua carreira como dirigente sindical e líder das grandes greves de operários da região do ABC paulista que se tornaram um símbolo da luta contra a ditadura. Milhares de ativistas e simpatizantes se reuniram nas ruas do entorno do sindicato e aguardaram, entre canções, bandeiras e muita emoção, o desfecho do ato de resistência daquele que continuava sendo a principal figura da política brasileira dos últimos quarenta anos. Em outras partes do país, diante da televisão ou nas redes, a respiração estava igualmente suspensa, seja entre a parcela da população que queria a prisão do ex-presidente, acusando-o de corrupção e de todos os males do Brasil, seja entre a parcela que

Ao mesmo tempo, milhares de cartas continuaram a chegar de todos os estados e até de outros países para o cárcere de Curitiba, para a sede do PT em São Paulo ou para o Instituto Lula, fundação criada pelo ex-presidente após deixar a Presidência. Nessa correspondência, milhares de brasileiros e centenas de estrangeiros de todos os lugares, todas as origens, idades, profissões, raças e etnias, identidades de gênero e orientações sexuais contavam sua vida em primeira pessoa e enviavam a Lula, sem intermediários nem formalidades, palavras de conforto e estímulo. Esses escritos são um registro único de histórias e emoções, capaz de transmitir outras vozes que não as de intelectuais e estadistas que reivindicavam a libertação do ex-presidente.

Não há, até onde sabemos, nenhum movimento equivalente na história, ao menos na mesma escala. Existem, é claro, outras coleções de "cartas da prisão" de grandes líderes políticos, mas essas, em geral, dizem respeito a trocas epistolares entre as figuras encarceradas e familiares ou companheiros políticos. As publicações dessas missivas geralmente trazem apenas os escritos do prisioneiro, que, muitas vezes, continua sua reflexão e sua luta política no cárcere, denunciando a iniquidade da justiça (racista, classista...) e as condições de encarceramento. É o caso das *Cartas do cárcere*, enviadas por Antonio Gramsci a seus familiares desde 1926 até sua morte atrás das grades em 1937; ou as *Cartas da prisão de Nelson Mandela* para sua então esposa Winnie, seus companheiros do Congresso Nacional Africano e autoridades sul-africanas (1962-1990); ou ainda *Soledad Brother: The Prison Letters of George Jackson* (1970), as cartas que tornaram conhecido o ativista negro estadunidense George Jackson, que ingressou no Partido dos Panteras Negras na prisão e escreveu, muitas vezes em uma solitária, do início dos anos 1960 até sua morte, em 1971.

Em 8 de novembro de 2019, após dezenove meses de detenção, o ex-presidente Lula foi libertado depois do julgamento no Supremo Tribunal Federal que modificou entendimento sobre a possibilidade de prisão após condenação em segunda instância. Foi a segunda vez, em três anos, que a corte suprema do país modificava sua posição sobre o tema. A prisão de Lula só havia sido possível porque o próprio tribunal tinha aberto essa possibilidade em 2016, no ápice da popularidade da Operação Lava Jato, em um contexto de múltiplas pressões.

A decisão que permitiu a libertação de Lula, fruto de cisões cada vez mais profundas na classe política brasileira, que, tempos antes, se mantivera majoritariamente passiva frente aos desmandos do bolsonarismo, antecedeu em alguns meses outras decisões ainda mais significativas: o reconhecimento da dimensão política e parcial dos julgamentos contra Lula e a subsequente anulação de suas condenações. Assim, após as celebrações de alegria e vitória pela soltura do ex-presidente, o fluxo de correspondências foi diminuindo. No entanto, o Instituto Lula ainda recebe diariamente algumas cartas, como tem acontecido ao longo de toda a carreira política do ex-presidente.

Os aproximadamente 25 mil cartas e postais recebidos durante aquele um ano e meio de prisão constituem um acervo específico, ao qual se somam dezenas de objetos, livros, revistas sobre futebol, poemas e cordéis, Bíblias, fotografias, desenhos, manuais de ioga e relaxamento, roupas e cobertores para evitar o frio (alguns tecidos pelos próprios remetentes), bordados e gravuras, estatuetas de divindades de todas as religiões, flores secas e outros materiais decorativos. Das pilhas de caixas e pastas, devidamente organizadas, emerge ora uma cabeça de Buda, ora um tecido vermelho com dezenas de nomes bordados, ou ainda um pôster enrolado no qual se vê um desenho feito com tinta guache por uma criança. Tudo isso faz pensar em uma espécie de memorial. Trata-se, de fato, de um testemunho único de um momento dramático da história política brasileira recente, bem como de um conjunto de fontes históricas excepcionais. Naquele contexto, milhares de pessoas anônimas tomaram a iniciativa de oferecer seu apoio, mas também quase sempre um pedaço de sua história de vida, a um estadista à época privado de tudo – do poder, do direito de se manifestar e da liberdade.

Durante 580 dias, essas correspondências foram abertas e processadas pelas funcionárias do Instituto Lula – todas mulheres. Desde o início, a grande preocupação foi preservar aqueles papéis nos quais milhares de histórias e desejos íntimos se expressavam. No entanto, essa preservação foi um desafio: não só porque o instituto não tinha local específico nem pessoal suficiente para realizá-la, mas também porque a perseguição judicial continuava, e o ódio de parte da opinião pública por Lula e seu partido tornava real a possibilidade de atos violentos contra a instituição e seu acervo. As cartas ocupavam as salas e os corredores desse pequeno imóvel da periferia paulistana que ficou praticamente sem financiamento em razão do bloqueio de bens da instituição e do próprio Lula em decorrência dos processos judiciais movidos contra ele.

No entanto, a equipe do instituto, embora quase soterrada por essas infindáveis caixas e sacolas repletas de envelopes e solidariedade, dedicou-se generosamente a abrir e ler as missivas, e a responder em agradecimento. De início, esse gesto dava a impressão de uma violação do sigilo da correspondência. Afinal, as palavras dos remetentes não eram nada formais. Por mais políticas que fossem, tratava-se de narrativas íntimas, destinadas a um homem cuja estatura pública foi construída sem uma ruptura com o sentimento de familiaridade com seus partidários, mesmo – ou em especial – entre os mais humildes.

A história deste livro começou em meio a essas imensas pilhas de cartas e envelopes, com as mãos generosas que os abriam prontamente, sob esses olhares que percorriam as linhas escritas à mão ou no computador destinadas apenas a Lula, mas que ele mesmo muitas vezes não pôde ler nem responder.

As organizadoras e os organizadores deste livro, em sua maioria historiadoras e historiadores, reuniram-se inicialmente em torno de uma proposta muito simples: auxiliar o Instituto Lula na empreitada de arquivamento, guarda e digitalização de correspondências. Preocupação típica de profissionais da História diante de um conjunto documental de valor excepcional que se encontra ameaçado. Concluída essa empreitada, pareceu-nos então que essas palavras populares e plurais mereciam ser lidas e ouvidas, sobretudo em um Brasil mergulhado em uma crise democrática e governado por uma extrema direita particularmente retrógrada.

Uma exposição virtual multilíngue (www.linhasdeluta.org), uma apresentação teatral emocionante em Paris (*Avril-Avril. Lettres à Lula*, dirigida por Thomas Quillardet e Calixto Neto) e uma série de *podcasts* veiculados pela emissora de rádio da Universidade Nacional General Sarmiento (Argentina) deram início a essa divulgação das cartas no espaço público, tanto no Brasil quanto no exterior. Em todos esses projetos, a tensão entre a manutenção da privacidade dos remetentes e o desejo de conferir o merecido protagonismo político a suas palavras esteve presente. Mais ainda, essa preocupação vinha acompanhada da exigência de proteção da identidade dos autores, em um contexto no qual o apoio aberto a Lula, considerado "criminoso de Estado" pelos poderosos, era passível de retaliação. Por esse motivo, foi solicitada a autorização dos remetentes. Todos manifestaram sua anuência e, na maior parte dos casos, expressaram o desejo de que seu nome fosse mantido. Nos demais casos, nomes e referências que pudessem identificar os missivistas foram modificados. Esse também é o caso das cartas que compõem este livro.

Cartas para a prisão

Diferentemente das "cartas da prisão" de outros presos políticos ilustres, a correspondência aqui apresentada não registra a experiência carcerária de Lula nem suas reflexões políticas diante dessa situação: em sua cela, o ex-presidente lia mais do que escrevia. Suas mensagens públicas eram transmitidas por meio de notas de algumas poucas linhas, escritas nas páginas rasgadas de um caderno espiral. Ele se comunicava com as pessoas próximas por telefone, encontrava seus advogados diariamente e sua família durante a visita semanal. Assim, nesse ano e meio, não foi Lula quem produziu a escrita sobre sua estada na prisão: a indignação, a denúncia da injustiça e a descrição da dramática situação política do país não emanaram do líder para seus apoiadores. Tais sentimentos e posições vieram da direção oposta, de baixo para cima, de fora para dentro do cárcere, formando então uma constelação de palavras individuais, privadas, cuja apreensão conjunta constrói uma voz coletiva.

A singularidade desses milhares de cartas talvez se deva justamente a essa inversão de sentido entre um líder político e seus partidários. Como afirmam os autores das cartas, são eles que agora representam o ex-presidente, que agem em seu nome, que muitas vezes acrescentam o apelido "Lula" ao próprio sobrenome, que produzem a história e o registro histórico de seu tempo na prisão. Também são eles que invertem a costumeira relação assistencialista em geral presente na correspondência endereçada a líderes políticos. Há, sabemos, uma longa tradição de cartas aos poderosos em que as bases, a população camponesa, trabalhadora, miserável, ou quem escreve em seu nome, dirigem pedidos às instâncias do poder a seu alcance. Cartas a reis, juízes, deputados e presidentes, a um padrinho da máfia, a um autocrata ou a um bispo. Petições baseadas no desequilíbrio de prestígio e poder entre o autor e o destinatário.

No Brasil, as cartas enviadas a Getúlio Vargas mostram essa palavra popular e suplicante. Nelas, as pessoas também contaram suas histórias, mas com um objetivo específico: sensibilizar o leitor, a fim de que seu pedido fosse ouvido e atendido. As cartas a Lula desenham outras subjetividades populares, não orientadas por uma necessidade, uma súplica, mas, ao contrário, pelo desejo de confortar, de demonstrar solidariedade, de expressar amor, raiva e esperança ao prisioneiro. São atos de doação de quem escreve: doação da própria história, modificada pelas esperanças que Lula corporificou e pelas políticas de inclusão e assistência que ele desenvolveu ao longo de seus mandatos presidenciais; dádivas de gratidão, de amor, de apoio, que são também atos de retribuição, dirigidos ao político considerado o único que verdadeiramente olhou para essas pessoas e se preocupou com elas.

As palavras que constituem essas cartas – quer tenham sido desenhadas por pessoas de origem humilde, recém-alfabetizadas, ou digitadas por professores e professoras, estudantes, assistentes sociais, militantes do PT ou simpatizantes – têm uma relação comum com Lula, constituída de familiaridade, intimidade e carinho. A formalidade considerada adequada para se dirigir a um ex-presidente é usada com menos frequência: Lula é chamado de "você" ou "tu", dependendo da fala própria de cada região do país, muitas vezes abraçado com um íntimo "querido", ou ainda com um "amado" mais intenso. "Meu querido Presidente Lula. Sou pernambucana igual a você. Vou chamá-lo com essa intimidade porque tenho 64 anos, então podemos ser irmãos por afinidade". "Desculpe a intimidade" é uma expressão recorrente, atestando a dificuldade dos autores e das autoras em expressar o que desejam, mantendo as distâncias sociais que imaginam adequadas para tal tipo de correspondência. Quem escreve destaca um vínculo quase familiar com o ex-presidente. Muitas vezes, a carta inclui o relato do primeiro encontro com Lula: a primeira vez que o viram na TV, a primeira vez que ouviram seu sotaque, a primeira vez que nele votaram. Um autor diz que batizou seu filho de "Lula", num gesto que mistura homenagem, adoração e estabelecimento de um vínculo familiar, como, por vezes, se homenageia um tio ou um avô.

Essa proximidade afetiva do povo com um estadista é, em grande parte, estranha à sensibilidade política do Norte Global e daqueles que usam as lentes desse Norte para analisar a política do Sul e projetá-la como um futuro ideal. Esses observadores são rápidos em considerá-la "populista" ou "personalista". A leitura de certas cartas presentes neste livro sem dúvida vai surpreendê-los ou embaraçá-los, talvez até chocá-los. A cultura política do Norte, reproduzida e almejada por parte significativa das elites políticas do Sul, fica bastante desconfortável com o apego e a identificação do povo com seus representantes. Lá, a adesão política do cidadão seria supostamente guiada pela razão e pelas ideias, não pelo afeto e pelas identificações pessoais. Por razões específicas da história do subcontinente latino-americano, sabemos, a relação com a representação política é diferente. Não se trata de um "atraso" na evolução política ou de um sintoma de "subdesenvolvimento", mas de uma conformação histórica própria. Um *slogan* para indicar apoio político é sintomático dessa peculiaridade: "Fulano me representa!", ou seja, ele não apenas defende ideias próximas às minhas, mas me substitui na arena política. Assim, aos olhos dos missivistas, Lula não representa as camadas populares somente por suas ideias e discursos, mas também por seu corpo – seu dedo mutilado por uma máquina-ferramenta aos dezessete anos, sua fala "incorreta" (segundo a norma-padrão) e familiar, seu gosto pelo contato físico tão característico do povo brasileiro; ou seja, ele encarna e defende essa proximidade. O uso que faz da linguagem e do corpo desperta a familiaridade de seus apoiadores.

"Você é gente da gente", escreve um dos missivistas. Lula é reconhecido como originário e leal aos "de baixo", em uma sociedade descrita nas cartas como profundamente desigual. Uma sociedade dividida entre quem usa e quem não usa *black-tie*, afirma uma jovem, referindo-se ao famoso filme sobre as greves operárias realizado nos anos finais da ditadura (*Eles não usam black-tie*, 1981, de Leon Hirszman); entre os privilegiados e os que nada têm; entre os que conheceram a fome, os invisíveis e os que querem mantê-los "no seu lugar", na base da pirâmide social. Se Lula é reconhecido, é porque também é conhecido, ao longo de sua trajetória, por aqueles que lhe escreveram. Todos sabem de suas origens nordestinas, de sua migração ainda criança para o litoral paulista e, posteriormente, para a capital, tendo vivido em condições precárias e começando a trabalhar aos oito anos, a pobreza extrema de sua família, depois a trajetória como metalúrgico e como sindicalista. É nessas origens e nesse percurso que os autores das cartas se reconhecem. É com isso que se identificam. As mensagens estão repletas de efeitos de espelhamento. Nelas, o nome "Lula" é usado para falar sobre si e sobre o entorno familiar de quem escreve. "Eu te agradeço principalmente por ver os invisíveis, cada Luíz Inácio aqui do Nordeste", escreve uma professora do interior da Bahia sobre seus alunos.

A experiência comum da miséria e da fome libera a fala, pois garante que quem escreve será compreendido por quem lê. "O Brasil precisa ser governado por quem já passou fome. A fome também é professora", escreveu Carolina Maria de Jesus em 1960, a primeira moradora de favela a narrar em um livro seu cotidiano de sofrimento e luta (*Quarto de despejo*, 1960). A certeza de que o destinatário sabe do que se está falando leva os autores a entrar em detalhes. Detalhes sobre roupas insuficientes, moradia precária e, principalmente comida e fome, onipresentes nas cartas. Outras cartas evocam memórias de privação, geração após geração, ou o desejo da empregada pela "geladeira das patroas". As descrições concretas não são tanto provas, mas senhas, fios de cumplicidade entre quem escreve e quem vai ler e sabe do que se trata. A evocação da comida também é uma maneira de se inserir no universo do convívio popular, quando são formulados convites para que Lula apareça para provar um pedaço de bolo, tomar um café ou uma cachaça na saída da prisão.

Histórias de vida

Para a esmagadora maioria dessas pessoas, escrever a Lula começa com a narrativa da própria trajetória, formato justificado pela fórmula "minha história é um pouco a sua", seguida de "preciso que você entenda o quanto você mudou nossas vidas". Os autores, de fato, contam suas histórias: este livro é, antes de tudo, uma coleção de trajetórias de vida escritas na primeira pessoa. Este é o padrão tradicional de cartas dirigidas a alguém quc não se conhece: apresente-se, dê o seu nome e depois escolha as palavras que melhor falam sobre você. "Meu nome é Alice, tenho 12 anos. Recentemente me declarei feminista e militante do PT." Outra mulher começa dizendo que seu pai, em razão de uma doença, às vezes não consegue se lembrar do próprio nome, mas recorda o de Lula. Só então ela se apresenta e conta a história de sua família. Porque os autores quase sempre fazem parte de uma linhagem que retrata mais de meio século da história brasileira. Histórias de irmãos mais velhos dizimados pela desnutrição, pela ausência de assistência médica, pela migração, pela violência, pela luta por sobrevivência, seguidas de um amparo, uma política de assistência ou inclusão promovida pelos governos do PT entre 2003 e 2016, que ofereceram dignidade a alguns e abriram a outros as perspectivas de uma nova vida.

As cartas dos remetentes mais humildes, aqueles reunidos nos acampamentos de trabalhadores rurais sem-terra, por vezes analfabetos, e por isso escritas por outrem a partir da narrativa oral, ou os textos coletivos assinados com impressões digitais acentuam a segurança e a garantia de uma vida minimamente digna permitida por programas sociais como o Bolsa Família, o Luz para Todos e o Mais Médicos. Muitos também testemunham a nostalgia de uma época em que o pleno emprego e o aumento do salário-mínimo tornavam possível consumir bens e serviços antes inacessíveis. Um carro, um *smartphone*, a viagem de avião uma vez por ano para visitar a família. "Eu, aquele Zé Ninguém, o famoso "Zé Roela" lá do interior, [...] pra o desespero da burguesia ainda comprei um Celta (vermelho em homenagem ao PT) carro de pobre mas que para mim tem valor igual um Camáro". As cartas de pessoas muito pobres representam grande parte do acervo, assim como as orações e cópias de trechos da Bíblia, indicando a forte religiosidade de muitos dos autores e a importância dessa forma de expressar solidariedade e carinho. Nesta obra foi valorizada a diversidade de vozes, meios sociais, tons, narrativas individuais e familiares, sem que a seleção de cartas tivesse a pretensão de representar de forma linear e proporcional a variedade de estilos e temas encontrados no acervo.

Entre as mais comoventes estão as narrativas de ascensão social, de luta para abrir novos horizontes, de movimentos para transpor barreiras sociais e de recusa em aceitar um destino que sempre pareceu intransponível. "Meu pai, meus avôs, minhas avós, minha mãe, eu, Lula e tantos mais somos sublimes. Somos sublimes porque sonhamos para além da miséria que nos dão como destino", escreve uma jovem historiadora de origem popular. Muitas vezes é por meio da educação que essa ascensão ocorre, e vemos surgir várias vezes nas páginas deste livro as vozes dos primeiros membros de uma família a ingressar nas universidades, graças a políticas e programas de expansão de vagas do ensino superior e da criação de oportunidades e condições para inclusão de pessoas que antes não sonhariam sequer em fazer uma faculdade. Alguns chegam a enviar a Lula um convite oficial para suas cerimônias de formatura. "A educação abriu portas e por elas fui entrando. Às que se fechavam, nelas batia; às vezes dava um empurrão e entrava", escreve uma professora de direito, filha de um motorista de ônibus, que começou a trabalhar aos doze anos como manicure. As políticas de inclusão abriram portas, caminhos e horizontes: abundam as metáforas para exprimir gratidão por essa nova vida, que lhes era proibida numa sociedade em que "meritocracia" é uma palavra vazia, sobretudo quando a dificuldade para sobreviver é um imperativo para boa parte da população.

A maioria dos missivistas não apenas conta sua história, mas também lhe confere um significado político. A percepção da história do Brasil como uma longa experiência, tolerada e naturalizada, de desigualdade, é onipresente nessa correspondência. Desigualdade marcada pelo racismo estrutural e pelo machismo de uma sociedade patriarcal, e que se reflete na falta de oportunidades para pessoas negras, indígenas e mulheres. Que é visível na estigmatização de pessoas de diferentes orientações sexuais e identidades de gênero dissidentes das normas hegemônicas, ou na assimetria entre as diferentes regiões do país. Para todos, a prisão de Lula representa a vingança dos privilegiados contra as políticas sociais e de inclusão dos governos petistas. "A Casa Grande surta quando a senzala vira médica": essa frase, postada nas redes sociais por uma estudante negra de Medicina no início do processo de *impeachment* de Dilma Rousseff, tornou-se então o símbolo da política de revanche que, desde 2016, distorceu as regras democráticas no Brasil. A consciência dessa vingança e as próprias palavras "casa grande" e "senzala" estão muito presentes nas cartas.

Esse conjunto de cartas é, portanto, excepcional pela sólida consciência política que testemunha. Ao contrário da imagem tão difundida das camadas populares como despolitizadas ou conservadoras, aqui os inimigos são claramente identificados: a mídia vendida aos poderosos, a pressão golpista dos militares, o arrogante e vaidoso ex-juiz Moro, a classe política voltada a seus próprios interesses, Bolsonaro e seus asseclas. A história perpassa essas vidas e essas narrativas, e as cartas são atravessadas por uma memória coletiva: a dos legados do nacionalismo popular, das lutas contra a ditadura, das greves operárias, das manifestações contra o *impeachment* de Dilma Rousseff e da prisão de Lula. Ao seu ilustre, mas, ao mesmo tempo, tão familiar destinatário, os remetentes se dirigem como companheiros: a solidariedade que querem lhe transmitir passa também pela expressão das suas convicções políticas, da sua análise dos acontecimentos. Às vezes, inclusive, por seu olhar crítico sobre os erros e compromissos do PT e de Lula.

Muitos comentam as notícias da imprensa, preocupados com as informações a que Lula teria acesso em sua cela. As cartas permitem, assim, acompanhar, "em tempo real", os acontecimentos vividos pelo Brasil ao longo de um ano e meio: as sucessivas disputas jurídicas e os julgamentos midiáticos, marcados por recorrentes derrotas em diferentes instâncias, relacionados aos processos contra Lula; a proibição de que seu nome e sua imagem fossem usados durante a campanha eleitoral, ou que ele pudesse se expressar na imprensa, para não favorecer a campanha à Presidência de seu sucessor como candidato, Fernando Haddad; a profusão de notícias falsas em uma campanha histérica de ódio ao PT e à esquerda em geral, marcada pela violência verbal do candidato da extrema direita, Jair Bolsonaro; o espanto com sua vitória e, depois, com o abismo político em que o Brasil foi lançado. Como na canção "Meu Caro Amigo", de Chico Buarque, dirigida a um exilado da ditadura, as cartas trazem notícias do Brasil desde esse exílio interno: "Me sinto, Presidente, como uma exilada no meu próprio país. Já não reconheço mais as pessoas e nem o meu povo", escreve uma missivista.

Um outro mundo possível

As aproximadamente 25 mil cartas enviadas a Lula durante seu encarceramento têm muitas formas. De desenhos infantis a comentários políticos de um professor universitário, de orações devidamente referenciadas nas Escrituras, terço incluído, a sagas familiares, de cartões-postais a poemas, até o trigésimo bilhete rabiscado pelo mesmo ativista da Vigília Lula Livre: essas correspondências, expressão singular e única de cada um que escreve em sua intimidade, sem modelo predefinido, são infinitamente diversas. Porém, não são a expressão de uma consciência política nem a escrita de si (ainda que essas dimensões sejam fundamentais) que traçam uma linha de continuidade entre as cartas. O que as une e as faz transbordar é o afeto. Os autores falam da emoção de se dirigir a Lula, expressa na caligrafia trêmula das linhas traçadas. Mas também da tristeza, avassaladora nos dias e nas semanas que se seguiram à prisão. "Se a tristeza matasse, estaria morto a esta hora", escreveu um homem do Sul do país no dia da prisão. Segue-se a raiva, explícita ou apenas insinuada quando aquele que a sente percebe que isso pode deixar um tom muito amargo na escrita. Também o reconhecimento, é claro, que perpassa todas as histórias de vida. E um amor surpreendentemente explícito, expresso por mulheres e homens de todas as idades que o bradam desavergonhadamente, como a manifestação máxima de conforto que podem dar a um homem preso injustamente.

Hoje, três anos após a chegada de Jair Bolsonaro à Presidência da República, essas cartas parecem o relato de um mundo em que foi perdida a fé na educação e no conhecimento, na capacidade de atuação do Estado, em um sentido da história e das lutas sociais para a redução das desigualdades e da exclusão. Todas essas bandeiras parecem derrotadas, todas essas batalhas, perdidas, uma a uma, pelo campo progressista. Jair Bolsonaro sem dúvida foi conduzido ao poder pelo voto das elites e das classes médias, mais do que das camadas populares. O Nordeste votou em peso contra ele. Mas não podemos esquecer que Bolsonaro representou também uma sincera esperança para muitas pessoas humildes devido à sua imagem de *outsider*, alheio à política (apesar de seus 27 anos como parlamentar). Esses eleitores aderiram ao seu discurso de autoridade, moralidade e rejeição ao assistencialismo – pois é sempre possível encontrar supostos privilégios entre os mais desafortunados que nós. Ou seja, a capacidade da extrema direita de ditar os termos do debate público, e de impor seu ódio e seus discursos conspiratórios ao conjunto da sociedade, continuou a ancorar o imaginário neoliberal ultraconservador em vastos setores da população.

A grave crise econômica, o tratamento irresponsável e genocida na pandemia de covid-19 e os escândalos de corrupção envolvendo o clã do atual presidente certamente esfriaram muitas esperanças e apostas. As pesquisas de opinião desde meados de 2021 mostram um desencanto com Bolsonaro e uma nova desconfiança com a militarização do Estado por ele promovida. Em meio a uma esquerda enfraquecida, tanto no Brasil quanto em outros lugares, é o velho e combativo Lula que mais uma vez representa o último recurso das forças progressistas e, de modo mais geral, de um projeto democrático pluralista e inclusivo. É difícil saber que outro mundo possível ele encarna: aquele promovido no início do século, ou aquele que os remetentes mais jovens dessas cartas querem imaginar. Esses últimos representam toda uma nova geração de pessoas cujo símbolo mais popular é Marielle Franco, vereadora do Rio de Janeiro vítima de um brutal assassinato político em 2018. Uma geração de jovens da periferia, mulheres, pretos e pardos, pessoas LGBTQIA+, que, nas cartas e nas ruas, também querem escrever e fazer história, entre a saudade de anos felizes e a vontade de um mundo novo.

Nota da edição brasileira

A grafia das cartas aqui transcritas não foi padronizada como em geral ocorre durante um trabalho de edição. Eventuais desvios da norma-padrão não foram corrigidos, palavras riscadas não foram ocultadas, nenhuma letra maiúscula ou pontuação foi alterada, a não ser nos raros casos em que o respeito minucioso à escrita dos missivistas poderia tornar a compreensão das cartas muito difícil. Nossa única intervenção foi, por uma questão de clareza e para facilitar a localização pelo leitor, padronizar os cabeçalhos que aparecem em negrito no início de cada carta. Essa edição, muito discreta, corresponde ao nosso desejo de publicar um arquivo, ou uma pequena amostra dele, sem absorver a escrita e a personalidade das cartas na nossa própria escrita. Esse arquivo é um caleidoscópio de mundos, e quisemos, com este livro, oferecê-lo humildemente às leitoras e aos leitores, como se estivessem conosco segurando algumas dessas tantas folhas de papel nas mãos. Ademais, as peculiaridades dessas linhas são significativas: falam das origens sociais dos missivistas, do esforço literário feito por eles, dos afetos, da importância especial de determinada palavra ao ser destacada em letras maiúsculas ou sublinhada. Um "ABRAÇO" não é um "abraço", e em "#Lula2018!!! #Lula2018!!! #Lula2018!!" cada repetição, cada ponto de exclamação importa. Por fim, a linguagem popular é um dos elementos que fazem com que Lula seja reconhecido por parte do povo como um dos seus. A quem pedia desculpas pelas imperfeições de seu português, o ex-presidente sempre respondeu que a única coisa que importava era se fazer entender. Falar e escrever sem as amarras do uso estrito da norma-padrão foi sempre uma ponte entre Lula e os brasileiros e as brasileiras que o apoiam. Essa ponte, nas cartas aqui publicadas, não poderia aparecer de forma diferente.

Este livro destina-se ao público mais amplo possível. Por isso, optamos por inserir um glossário abrangente nas páginas finais do volume, ainda que alguns termos nele contidos sejam familiares à maior parte dos leitores brasileiros.

Cartas a Lula

Rio de Janeiro, 8 de abril de 2018

Querido Companheiro Lula,

Foi com muita aflição que eu acompanhei todos os acontecimentos, desde o julgamento do seu habeas--corpus. Naquela quarta, passei onze horas seguidas sentada no sofá, assistindo o golpe se materializando, de fato. Foi um dia cansativo e muito triste, mas achei que teríamos algum tempo antes do "Juiz Pavão" mandar prender você. Na sanha de evitar manifestação popular, o ignóbil juiz deu foi um belíssimo tiro no pé. Se a sua prisão era inevitável, vamos agradecer a ele a imagem histórica que tivemos, justamente a que ele não queria: você, carregado nos braços do seu povo. Ontem foi um dia muito triste, mas a beleza, olha só, que danada, também encontra lugar pra brotar em dias assim. E eu vi muita coisa linda acontecer entre a ordem de prisão e a sua prisão de fato.

Eu queria me desculpar muito por não ter ido a São Bernardo. Tive oportunidade, mas sofro de transtorno de ansiedade e síndrome do pânico e tive medo de ter uma crise lá, sozinha, sem nenhum amigo pra me ajudar. Me acovardei. Peço mil desculpas por isso, eu não tinha o direito de ser covarde, e eu fui. Me perdoe.

Olha, Companheiro Lula, eu pensei muito no meu pai nesses últimos dias. Papai morreu em julho de 2014, e foi ele quem me ensinou a gostar de você. Na verdade, ele não fez muita força não. Foi assim: em 1989 eu tinha 12 anos.

Meu pai tinha bastante dinheiro na época, e eu estudava na melhor escola da cidade, junto com a elite. Um dia, cheguei em casa e perguntei a ele: "quem é esse analfabeto que os meus amigos dizem que quer ser presidente?". Ele pediu que eu esperasse um pouco e eu fui brincar no meu quarto. Quando começou a propaganda eleitoral, ele me chamou: "Filha, vem ver o analfabeto!". E eu fui. Sentei naquele sofá e fiquei olhando pra você e te vendo falar e, caramba, eu fiquei hipnotizada. Quando acabou o programa eu disse pro meu pai: "Mas ele é muito bom, pai!", e ele me abriu um puta sorriso. No dia seguinte eu fui ao diretório do PT com ele e pegamos material de campanha para panfletar. E assim eu comecei a ser petista. Aos 12, panfletando na rua junto com meu pai. E ia pra escola com os bottons que a gente comprava, o ajudei a enfeitar a janela da casa para fazer campanha. Ia a carreatas imensas, sem fim, com a minha bandeira em punho. Muito orgulhosa. Os meus amigos riam de mim, diziam que eu teria que dividir o meu apartamento com "gente pobre". E eu, que não sabia que isso não era verdade, respondia que por mim, tudo bem, se menos gente morasse nas ruas. Eu era uma criança, não entendia muita coisa, não sabia argumentar, mas eu tinha noção da desigualdade social! Meu pai sempre fez questão de enfatizar que a vida que a gente levava era exceção. E o sonho da gente era que virasse regra. E a gente sabia que era você o cara capaz de começar a fazer isso acontecer. Bem, a história tu sabe melhor do que eu. Demorou, mas esse dia chegou. E eu vi começar a se desenhar o Brasil que eu sonhei um dia. Tenho que confessar que eu esperava quase uma "revolução comunista", mas entendo que não seria possível nos moldes dos meus sonhos.

Um dia, Lula, eu matriculei meu filho Francisco, que hoje tem 8 anos, numa escola aqui perto de casa. Qual não foi a minha surpresa em encontrar lá, estagiando, como auxiliar de professora, a minha ex-diarista? Eu a vi e comecei a chorar. Meu marido me perguntou o motivo do choro e eu mostrei a Lili pra ele. Ele apertou a minha mão e sorriu. Parece bobo, mas foi uma das emoções mais fortes que eu já senti na vida. Estava acontecendo: a filha de uma empregada, que em outros tempos seria empregada também, em breve conseguiria um diploma de pedagoga. O ciclo da pobreza, da falta de perspectiva, da submissão, da subserviência estava se quebrando. Eu fiquei tão imensamente feliz, Lula. Eu pensei em você na mesma hora e, mentalmente, te agradeci. E hoje, aproveito esta carta para fazer isso diretamente: muito obrigada, Lula, por ter dado dignidade a esse povo. Muito obrigada mesmo!

Ah, companheiro, deixa eu te contar outra que me aconteceu, que me deixou orgulhosa pra caralho. Fui a Paris e Amsterdã e, nas duas cidades, toda vez que me perguntavam de onde eu era e eu respondia que era brasileira, todas as pessoas diziam, com um baita sorriso: LULA! É, rapaz, eu acho que tu conseguiu superar o Pelé! hahahaha! Eu fiquei toda orgulhosa de mim, de você e do Brasil.

Olha, Lula, não sei o que vai acontecer com o Brasil daqui pra frente. Ando tentando não ser pessimista, sabe? Mas acho que os tempos sombrios chegaram. Isso não me faz desanimar não, muito pelo contrário, mas assusta.

Eu nem sei se vão deixar essa carta chegar até você. Eu espero que sim.

Companheiro, a gente aqui fora não vai desistir de você não viu? Desistir de você significa, também, desistir da gente. E a gente não é trouxa, né? "Somos milhões de Lulas povoando este Brasil", como já dizia o jingle.

Fique bem, na medida do possível e não se preocupe: a luta está travada e ninguém arreda pé.

Não vou me estender mais, porque imagino que você tem bastante carta pra ler aí!

Um abraço apertado, um beijo enorme e muito, muito amor, de mim pra você.

Juliana Freitas (mas pode me chamar de LULA!)

★

PS: Quando tu sair daí, se possível, me chama pra tomar uma cerveja e me conta a história do frango no cofre?[1]
hahahahahaha!
Beijos!

Florianópolis, 8 de abril de 2018

Olá, Lula

esta carta é um pequeno rabisco de uma grande história. História da qual você conhece muito bem, seja por sua trajetória ou das de milhares de pessoas das quais você contribuiu para que tivessem dias melhores.

Venho de uma família pobre, pai agricultor, pobre foi para a cidade, transformou-se em pedreiro e sentiu na pele a luta cotidiana para sobreviver, ter um salário justo e construir sonhos dos quais não existissem a fome. Minha mãe, hoje com 62 anos, viúva desde os 42 anos, é a pessoa que mais admiro nesse mundo. Filha de pequenos agricultores (falidos por grandes latifundiários) analfabeta, violentada e abusada pelo pai, fugiu do campo para sobreviver na cidade. Foi explorada por patrões, injustiçada em diferentes ocasiões por não saber ler e escrever. A morte de seu companheiro foi um agravante para ampliar as dificuldades em criar seus três filhos.

Bem, o que a história dessas duas pessoas comuns tem em comum com você e o seu governo? Antes de tudo o desfecho dessa história poderia ser diferente, e com um atendimento médico as crianças não ficariam órfãs tão cedo, com políticas de acesso a educação, combate a violência essa mulher não teria sofrido tanto. Contudo, essa trajetória de miséria só foi rompida no seu governo. Lembro que quando minha mãe passou a receber o Bolsa

Família, meu irmão do meio parou de juntar reciclado. Eram apenas R$ 80,00 reais, mas os R$ 80,00 reais mais valiosos para comprar um par de tênis, material e poder beber leite todos os dias.

Tanto a oportunidade quanto a luta de minha mãe em fazer que seus filhos tivessem maiores oportunidades na vida e não sofrer o que ela sofreu, permitiram construir expectativas de um futuro melhor. Ampliar o acesso a educação permitiu que aos 18 anos eu entrasse na faculdade. Formei em História, posteriormente em sociologia, e todos os dias de meu trabalho (quando consegui aulas) busquei demonstrar a importância do ensino de história e sociologia. Ingressei no mestrado em História - Unicentro 2014 - Guarapuava-PR. Hoje estou no doutorado em História UDESC-SC. Os motivos? Não foi apenas vontade e o gosto em estudar, tive oportunidades, fui e sou bolsista. Ao contrário do que muitos pensam, a bolsa é um trabalho onde produzimos e prestamos serviço a comunidade e ainda podemos sobreviver.

Meu irmão mais novo, hoje com 23 anos, está concluindo o curso de licenciatura em geografia, entrou pelo ENEM. O do meio, aquele que "catava lixo", está concluindo seu doutorado em agronomia e trabalha em uma multinacional em genética. Também foi bolsista, rejeitado e ignorado por ser pobre.

Bem, um resumo da história dessas pessoas. Estão bem sucedidas? Não, nossos tempos sombrios não garantem nada. Principalmente quando a democracia está em jogo. Contudo a história dessas pessoas poderia ser bem pior, continuar na fome e outras explorações. Contei parte da vida delas por fazer parte daqueles milhões de brasileiros/as que tiveram maiores oportunidades devido ao seu governo. Existiram problemas, sabemos disso, mas governar em meio a luta de interesses onde o pobre não é apontado como relevante, não deve ser nada fácil. Só quero que estas pequenas linhas permitam construir novas esperanças, novas expectativas para você e milhões de outros/as brasileiros/as. As vidas de milhares de pessoas são alteradas pelas tomadas de decisão do governo, espero que seja pelas suas.

Confesso que a letra está rabiscada, algumas frases soltas, coisas que parecem ser sem sentido. Acredito que seja devido o calor das emoções (ruins) ontem os atentados em Curitiba[2] demonstram o quanto o fascismo está presente. Sou de Guarapuava - Paraná -, aquela cidade cheia de fascista onde você não pode entrar (perdão) - vivenciei o massacre de 29/04/15 promovido pelo Richa[3], imagino a dor e sentimento dos/as companheiros/as que estavam lá. Mas como foi dito em seu pronunciamento, as ideias não podem ser presas, "podem matar duas ou três rosas, mas não impedem a primavera".

Pois bem, a primavera se aproxima lentamente e precisamos completar o jardim, por isso lutaremos para que a justiça seja feita e você saia da prisão.

Caso realmente esta carta chegue até você, quero que saiba que preciso lhe dar um abraço, dia 24/03 em Florianópolis, estava muito agitado e não consegui.

Preciso agradecer pessoalmente por lutar contra a fome, miséria, exploração dentre tantas outras opressões.

Nos vemos em breve.

Jorge Luiz Zaluski

obs: quando falar com a Dilma, diz que tô chateado por ela não ter vindo para Floripa. Mulher da porra que admiro demais. ♡

São Paulo, 8 de abril de 2018

Querido presidente,

Você viu a final do campeonato paulista? Falaram que tem televisão aí. Eu juro que sou completamente desprovida de conhecimento futebolístico, mas vibrei quando o Corinthians ganhou, soltei um grito mesmo; Pensei, poxa, o Lula vai ficar feliz. O Lula merece umas vinte vitórias do Corinthians, mas por enquanto essa serve.

Meu nome é Sophia. Eu tava lá no sindicato dos metalúrgicos, naquele dia horrível, mas nunca tinha estado lá antes; Infelizmente quando você tinha cabelo eu não participava do momento ainda, visto que tenho 19 anos; a gente não se conhece. Mas eu já te devo muita coisa.

Seu presidente, minha mãe é a minha inspiração, e você é a inspiração dela. Você é a razão pela qual a gente sabe, com exemplos recentes, que esse país pode ser um negócio lindo, se a gente lutar por ele. Você é o cara que cala, com uma palavra, uma Avenida Paulista de gente, e não por medo, igual querem fazer te botando na cadeia, mas por respeito. Você é a razão pela qual minha mãe pôde votar por uma mulher presidenta, porque Dilma Roussef é muito do caralho, mas ela não teria chegado lá, o partido não teria chegado lá, sem você; Nenhum de nós seria a mesma pessoa sem você, dentro ou fora do movimento, mas você deve saber disso, seu presidente, então eu vou falar das coisas que você não sabe: A forma como a minha mãe chorou, um choro de orgulho, de quem luta, quando você disse que os poderosos não têm como impedir a chegada da primavera: Ela chorou porque militou ao seu lado, e sabe que é verdade. Você faz ela acreditar que a primavera será verdade novamente. Obrigada por isso, seu presidente. Obrigada pelo fato de minha amiga poder ir para a faculdade de medicina, uma faculdade à altura do talento natural dela por sinal (ela dorme e sonha que está operando fígados, seu presidente, pode acreditar que seu trabalho foi bem feito, porque ela será a melhor médica que esse país já viu). Obrigada por dar à minha outra amiga, que perdeu dois filhos e não acredita em nada, algo pra acreditar. Você não nos conhece. Mas a gente conhece o símbolo.

Eu sou jovem, seu presidente, e tenho medo. Fala-se em ditadura militar; Você está aí dentro e não aqui fora com a gente. Você deveria estar se preocupando só com o resultado do jogo do Corinthians, hoje, e eu deveria estar me preocupando só com os meus estudos; Eu deveria ter certeza de que vou poder expor minha arte LGBT; daqui 3 anos; Eu deveria ter certeza de que vou poder votar em você (dedos cruzados, seu presidente). Mas se lamentar não é produtivo pra mim, nem pro nosso país; Minha mãe me ensinou que é preciso ir à luta, e você ensinou a ela. Você é um ser humano, e eu sei que você está cansado e que você deve ter tido medo, mas você manteve sua cabeça erguida, e isso fez toda a diferença do mundo pra mim. Eu sei que você sabe que você é importante numa escala global, mas espero que você também saiba o quanto você é importante numa escala individual, única: Quando você falou pra gente carregar seu manto, você tem que saber que a gente já carregava.

Seu presidente, eu vou lutar. E eu pretendo inspirar as pessoas ao meu redor a fazer o mesmo: Isso eu aprendi com você. Por favor, fique bem. Vamos continuar indo adiante juntos, tá?

Até a próxima,

Sophia.

(já que eu não vou poder te mandar flores de verdade)

Mariana, 9 de abril de 2018

Querido Presidente Lula,

Minha história o senhor já conheceu um pouco (envio em anexo uma lembrança). Essa carta é mais uma oportunidade para expressar a minha admiração e gratidão por tudo o que o senhor representa na vida deste país e na minha vida pessoal.

Sou historiadora, tenho 28 anos. Venho de uma família pobre do interior de Minas Gerais e sou uma das poucas pessoas desta família que teve a oportunidade de ter ido para a universidade.

Acabo de retornar de um estágio de doutorado sanduíche em Stanford, Estados Unidos. No documento de certificação, o querido amigo e professor Gumbrecht, um dos maiores humanistas vivos no mundo que lá me recebeu, escreveu que fui a melhor aluna visitante que ele conheceu em seus mais de 25 anos naquela instituição. Devo isso a você! Devo a oportunidade de ter tido voz em uma das melhores universidades do mundo a sua teimosia em enfrentar a história miserável deste país. Mas minha gratidão vai além.

Em seu mais recente discurso o senhor disse ser uma ideia. Não. Permita-me discordar. O senhor é mais que uma ideia. O senhor é uma força, uma energia, uma presença. É a condição que permite às ideias emergirem. O senhor, querido presidente, é a própria história. E eu sou grata por você ser (e ter aceitado ser) este destino por meio do qual muitos como eu puderam existir.

Confesso que há mais melancolia no meu coração do que esperança no futuro. (Aliás, falar do futuro é uma capacidade que poucos no mundo possuem como o senhor). Nosso povo está triste, violento, egoísta, abrindo mão de sua dignidade e conscientemente parte dele tem escolhido o que há de mais injusto e mais perverso.

Mas o senhor deve se lembrar, eu tive vergonha do meu pai por ser um simples trabalhador, um peão de mina. Hoje graças a você, a sua luta, eu tenho orgulho, orgulho profundo de meu pai. Orgulho profundo de minha mãe. Orgulho profundo da minha história campesina e operária. Orgulho profundo da minha vida. E isto é lindo!

Por isso, quero compartilhar com o senhor que apesar da (e junto a) minha melancolia, eu assumo o compromisso de ser uma força, de ser uma presença dedicada e restituir a sua grandeza e a grandeza de todos os trabalhadores e trabalhadoras deste país.

Lutemos, presidente, para provar uma vez mais que somos sublimes por recusar a história cretina que nos legaram.

Com todo meu amor, admiração e respeito,

Thamara de Oliveira Rodrigues

P.s: Espero ainda um dia, presidente, poder encontrá-lo pessoalmente para o café que me convidou. Torço para que este dia não demore.

Postagem do Facebook de 13 de julho de 2017

Eu vou contar parte da minha história. Da minha vida. Eu a faço aos prantos, muitas lágrimas. Muitos a julgarão ridícula e irrelevante. Alguns poucos chorarão comigo. Sou grata a quem se dispõe a ler e a dividir isso.

Meu avô paterno era preto. Garimpeiro. Tirar ouro de um riacho era seu sustento. Não o conheci. Não sei se era alfabetizado. Era alcoólatra.

Meu avô materno era um trabalhador do campo. Vivia mudando com a família para diferentes terras, as quais nenhuma lhe pertencia. Não tenho lembranças dele.

Não falarei sobre as minhas avós porque a história das mulheres de minha família me dói mais.

Ambas as partes da minha família conheceram a fome.

Meu pai era preto como seu pai. Meu pai era alcoólatra como seu pai. Estudou até o primário. Atleticano. Trabalhou desde criança. A maior parte da vida ganhou como operador de máquinas minerando para a Samitre (hoje Vale) em Mariana. Salário de classe média baixa, nossa casa era simples, mas os direitos trabalhistas, plano de saúde garantiram a mim e meu irmão uma vida modesta e digna.

Meu pai tinha orgulho de seu trabalho. Ele guardava para mim seu lanche do serviço porque eu amava aquele cheiro e ficava horas me descrevendo o quão grande era a roda dos tratores que dirigia.

Ele e seus amigos tinham profundo respeito por uma palavra que eu não entendia o significado – sindicato.

Eu cresci aprendendo a odiar as palavras Collor e FHC, meu pai os odiava. Assistindo o JN e dando "boa noite" ao Willian Bonner, quando esses nomes apareciam, meu pai os amaldiçoava. E algumas vezes além da vergonha que eu sentia do meu pai por ser alcoólatra, eu achava meu pai um pouco burro também porque os meus amigos na escola diziam que os pais deles gostavam do FHC. Meu pai não tinha estudo, então eu, às vezes, duvidava dele.

A última conversa que tive com meu pai foi no dia 12 de outubro de 2006, um pouco antes do segundo turno das eleições. Eu sentada à mesa na casa de minha avó. Ele em pé gigante:

– Pai, vai votar em quem?

– No Lula, é claro. Você sabe disso.

– Por que você sempre votou no Lula?

– Porque ele é um homem como eu. Porque tudo que pobre tem é graças a homens como ele. Não importa o que seus amigos ricos dizem, o que você tiver é por ele.

Eu tinha 15 anos. Meu pai morreu no dia seguinte, uma sexta-feira 13. Ele não votou no Lula naquela eleição. Meu pai não teve muitas alegrias. Sua conquista era ter se aposentado aos 40 e poucos anos com salário integral. Muitos acharão um absurdo alguém se aposentar tão jovem, mas talvez não seja para quem trabalhou desde criança.

Meu pai não me viu ir à Universidade. Graças ao grande esforço da minha mãe, fui uma das poucas pessoas na minha família a ir para a Universidade. Hoje escrevo isso no Vale do Silício, um dos lugares mais ricos e poderosos do mundo. Eu não vejo aqui trabalhadores como meu pai de uniformes e botinas. Eu vejo aqui a "sonhada modernidade" que nunca alcançaremos, construída por homens em torno do mundo como meu pai. Ele estava certo. As poucas e modestas conquistas que tenho devo a homens como Lula. Devo ao Lula, devo a meu pai. Devo a mulheres trabalhadoras como minha mãe. Devo aos sindicatos, a professores. Minhas conquistas são modestas, mas elas são tudo o que disseram que filho de pobre e preto jamais teria.

Meu pai está morto. O mundo do meu pai de sindicato, CLT, aposentadoria está morto também.

Eu choro. Eu choro porque se trata da minha vida. Eu choro porque essa é a minha vida.

Eu olho para esta foto e penso nas meninas que ficaram para trás. Eu penso nas meninas que herdarão o passado. Eu penso nas minhas avós e nas mulheres da minha família e choro.

Eu compartilho essa história pra dizer que a minha história é também uma história possível do Presidente Lula.

Eu compartilho essa história pra dizer que meu pai, meus avôs, minhas avós, minha mãe, eu, Lula e tantos mais somos sublimes. Somos sublimes porque sonhamos para além da miséria que nos dão como destino.

Por que somos sublimes? E porque choramos a perda dos direitos dos trabalhadores.

Porto Alegre, 9 de abril de 2018

Querido Presidente Lula,

Meu nome é Thaís, tenho 32 anos e sou médica. Paulistana de nascimento, cursei Medicina na Universidade Federal de Pelotas-RS, a qual recebeu verbas do REUNI. Eu tenho tanto a agradecer ao senhor e à Presidenta Dilma, que não caberia neste papelzinho!

Mas, hoje eu gostaria que ele levasse forças a você. Gostaria que mesmo na solidão do cárcere, esteja aquecido, amparado e se sinta consolado: aqui fora continuaremos a luta, a nossa luta, a sua luta.

Fiquei contente em saber que ontem (domingo) pôde assistir o jogo do Corinthians e eu (são-paulina roxa), pela primeira vez fiquei satisfeita com a notícia do título corintiano, uma vez que imaginei isso ter feito o senhor felizinho pela conquista, e que talvez tenha colocado um breve sorriso no seu rosto. :)

Vê? O senhor é um líder, capaz de unir todos os corações vibrando: corintianos e são-paulinos... e até toda a esquerda, em cisão anteriormente.

Chorei muitíssimo ao assistir a Missa da Sra. Marisa Letícia. Chorei por ela, que se foi envolta em tristeza e angústias, ultrajada por aqueles cães que os acossavam desumanamente à porta do hospital. Chorei pelo senhor, resistindo tanto com a sua família. Chorei pelo Brasil, rendido por esses meliantes e pelas injustiças semeadas pela mídia e pelos donos do poder.

Mas, suas palavras despertaram em nós, o povo, não sede de vingança, mas de JUSTIÇA, porque nos levaram a acreditar novamente na Democracia. Por isso, reitero: politicamente estaremos contigo nas eleições em 2018 ou naqueles que indicar. Se o Golpe se consolidar e não houver eleições também estaremos contigo: pelo restabelecimento da Democracia lutaremos!

Deve ter percebido que esta carta contém perfume e o contorno da palma da minha mão: não fiz estes gestos com quaisquer intenções românticas (tenho namorado, moramos juntos e somos bem felizes! :)). Não. Minha intenção aqui é outra: fornecer cheiros, cores e sensações táteis aqui de fora. Um jeito de tocar e segurar a sua mão, Presidente Lula. Um jeito de envolver o senhor numa nuvem de perfume e calor, como se eu estivesse aí para dar o meu abraço e amor fraternos. Como uma alma humana tocando outra alma humana, apenas.

O que eles não sabem: LULA ESTÁ LIVRE!

Está aqui comigo, em casa. Come o bolo de cenoura que preparei. Toma um café com o Vitor, meu companheiro. Lula passeia por Porto Alegre. Por Salvador, pelos 4 cantos do Brasil.

Lula é ideia. Mas é carinho, sentimento também (parafraseando o discurso de posse de Dilma)[4]. ♡

Presidente Lula: o senhor segue aqui, no coração desta brasileira e no de milhões de outros!

Um grande abraço,
com muito amor:

Thaís Rocha Mello

Porto Alegre, 9 de abril de 2018

PS_1: Um dia quero ter a oportunidade de o convidar para um cafezinho, ou uma caipirinha (minha especialidade!) aqui em casa. Algo me diz que esse dia não demora! :)

PS_2: Como diz o meu pai:
"Estou contigo sempre... até a vitória final!!!"

Pilar do Sul, 9 de abril de 2018

Nosso herói Lula:

Tenho 70 anos e nunca frequentei a escola, porque desde criança trabalhei na roça. Nasci em Nossa Senhora das Dores (Sergipe). Assim como você, fiquei viúvo aos 30 anos, quando já tinha três filhas.

Vim para São Paulo em 1967 no pau de arara, para trabalhar na roça de milho, algodão, amendoim. Trabalhava de peão, porque não tinha estudo.

Sempre acompanhei sua política, sempre votei em você e nunca me decepcionei.

Hoje sou aposentado com um salário mínimo. Mas tenho uma casa e ainda trabalho de caseiro.

Tenho uma neta que estuda na Universidade Federal de Curitiba e sinto muito orgulho. Sei que isso não seria possível sem seu governo.

Sinto muita angústia e tristeza por saber que está preso, porque sei que isso está acontecendo porque seu governo foi para os pobres e eles não aceitam quem luta por nós.

Não assisto mais nada na TV. Aqui onde moro acompanho tudo pela internet.

Sei que é Inocente

Força companheiro!
Força amigo do povo! Estamos juntos!
Fora rede globo.

Lula 2018!

Um abraço deste sergipano que lhe quer muito e não abre mão de votar em você.

Pedro Dias de Almeida

*Esta carta foi ditada por mim, porque não sei escrever.

Lula 2018! Lula 2018! Lula 2018! Lula 2018! Lula 2018!

Rio de Janeiro, 9 de abril de 2018

Querido Presidente (nada de ex!) Lula,

Meu nome é Ana Beatriz, sou professora de Língua Portuguesa e, desde 1986, venho construindo minha carreira profissional trabalhando com adolescentes das redes privada e pública do Rio de Janeiro. Hoje, aposentada do ensino básico, sou professora da Uerj, onde trabalho formando novos professores.

Por que inicio falando da minha vida profissional? Porque foi ela que me salvou de ser mais uma alienada, sem posição política, sem compreender o que é de fato justiça social. Trabalhando em escolas públicas da periferia da cidade, pude constatar a diferença que as ações afirmativas implementadas e ampliadas nos seus governos mudaram a vida de vários dos meus alunos.

Em 2005, quando fui trabalhar em Pedra de Guaratiba, inicialmente, eu não observava nos meus alunos vontade de seguir os estudos, muitos não ambicionavam sequer o ensino médio. Seja por necessidade familiar, seja por vontade de ter seu próprio dinheiro, contentavam-se em ser cobradores de van, ou empacotadores em supermercado. Aqui faço uma pausa para deixar claro que não estou sendo elitista, nem preconceituosa, pois qualquer atividade remunerada honesta é digna e merece respeito. No entanto, eu estava lidando com jovens estudantes e os comparava com os da rede particular, que já nos seus 15 anos desejavam "conquistar o mundo" via estudos. Por que os da rede pública não se sentiam assim? Não preciso detalhar os motivos que o senhor tão bem conhece.

Pois bem, os programas dos seus dois governos, depois mantidos pela Presidenta Dilma, devolveram (ou desenvolveram) aos "meus meninos" da periferia a vontade de estudar e se tornar "doutor", isto é, de seguir adiante em sua formação escolar, sendo muitos deles, senão todos, os primeiros na família a cursar uma universidade.

Quero lhe dizer, Lula, que, a partir de então, o quadro de comodismo, de aceitação do status quo, foi mudando pouco a pouco e, a cada aula, cada debate sobre diferentes contextos linguísticos e sociais, cada ensinamento sobre o uso adequado da língua e sobre como esse conhecimento empodera, pude ver brilhar a menina dos olhos de cada um. Aquela opacidade que antes existia foi sumindo, pois eu sempre lhes mostrava que, agora, mais do que possível, era provável realizarem o sonho de fazer um curso técnico em uma escola da rede pública de qualidade ou de passar no vestibular, e até mesmo entrar em universidade pública e gratuita de excelência.
Não, eu e muitos dos meus colegas que tinham a mesma prática profissional que eu não conseguimos que todos transformassem sonhos em projetos de vida, mas, como eu sempre dizia, se eu conseguir que um siga em frente, toda a minha carreira já terá valido a pena.

Lula, o nosso sonho, ou melhor, projeto de um Brasil mais igual, plural, sem fome, sem crianças fora das escolas, não acabou. Acaba de sofrer um revés, mas isso só nos dá mais vontade de seguir em frente acreditando que esse dever é nosso, está em nossas mãos e devemos honrá-lo todos os dias ao acordar. O projeto de fazer os jovens continuarem acreditando em si próprios, conscientes de que somente a educação de qualidade (os) liberta, continua vivo, e agora eu vejo aquele mesmo brilho nos olhos dos meus alunos universitários, do curso de Letras da Faculdade de Formação de Professores da Uerj.

Com meu respeito, carinho e admiração, aqui me despeço.

Um beijo e um forte abraço,

Ana Beatriz Arena
Professora aposentada da Rede
Municipal do Rio de Janeiro
Professora de Língua Portuguesa
da FFP/Uerj

Recife, 9 de abril de 2018

Presidente Lula

Presente Lula

Sua vida é muito importante para mim

Sou empreganda ~~domestica~~ pois devo muito a o Senhor, criei minha filha so trabalhando de domestica não foi nada facio, mais com o ~~sen~~ Senhor na presidencia ~~conseguir~~ ela conceguiu entra numa faculdade, onde antes era coisa só dos ricos e eu como empregada domestica conseguimos nossos direitos. O senhor precisa ficar ~~V~~ Livre e cuidar da sua saude e se candata para da esperança a todos nós

o senhor foi o melhor presidente do nosso Brasil, que lembrou de nos ~~pro~~ pobre levou o pão na boca de muita Familias Brasileiras com a Bosa Familia. matou a fome de muita gente, quem sempre teve não saber o que é ~~pes~~ passa fomer

O senhor e nossa esperança

Maria das Dores de Mello

O senhor foi é ~~e~~ sempre vai ser o meu Presidente.

Curitiba, 9 de abril de 2018

Lula, nosso querido e amado presidente

É tanta coisa para dizer, tanta revolta, tanta vontade de confortá-lo, tanta gratidão que não cabem numa carta.

Bem, vou começar contando minha história, nossa história, que só mudou e drasticamente para melhor porque o Brasil teve o senhor como presidente. Não fosse isto, continuaríamos condenados a uma ordem social excludente que se perpetua e se reproduz desde os tempos mais remotos.

Meu nome é Miliandre, sou professora de história, casada com Rodrigo, professor de sociologia. Temos dois filhos, Alice de 9 anos e Francisco de 4. Nasci em 1976 e, desde então, venho acompanhando - ora como espectadora, ora como pesquisadora, ora esperançosa, ora inconformada - nossa história recente.

Adolescente nos anos 1980, já tinha idade suficiente para entender, ao menos superficialmente, o movimento das Diretas Já e a comoção em torno da morte de Tancredo. Da ditadura militar sofri os rescaldos como sofremos até hoje, ela sempre a nos assombrar.

No governo Sarney, era eu que revezava com a minha mãe as idas, cada vez mais custosas, ao mercadinho do bairro, isto para comprar latas de óleo, arroz, feijão, em quantidades limitadíssimas. Que tempos... Menina, cansei de descascar batatas e guardar as cascas para fritar também. Carne, frutas e verduras era tudo muito restrito na mesa do pobre. Bem diferente do que acontecia recentemente, no seu governo e no da presidenta Dilma, quando comer não era mais uma luta diária nem havia mais tantas restrições no cardápio. Hoje, infelizmente, não se pode dizer mais a mesma coisa, o custo de vida está pela hora da morte e, mais triste, sem expectativas de mudanças a curto prazo. Mas seguimos firmes, com fé na vida, fé no homem, fé no que virá...

Nessa época, minha mãe separou-se do meu pai que bebia muito e passou a trabalhar como empregada doméstica para, sozinha, alimentar, vestir e educar os dois filhos. Como o salário de zeladora numa escola não era suficiente para cobrir as despesas, ela arrumou um segundo emprego na sede do PT, em Londrina. Quando não tinha com quem deixar os filhos, levava a gente ao trabalho. Acho que foi nessa época que eu comecei a ter consciência do mundo da política, porque percepção da desigualdade social, do preconceito de classe e da humilhação cotidiana, a gente que é pobre aprende a ter desde que nasce, em cada olhar atravessado, em cada não recebido.

Quando chegou o vestibular quis muito entrar no curso de direito, mas todo esforço de uma estudante de escola pública, que começara a trabalhar com 13 anos e, desde então, passara para o turno da noite não foi suficiente para concorrer à mesma vaga com estudantes de escolas particulares, com famílias estruturadas, com aulas de línguas, música, dança, com experiências de viagens e consumo, com tempo disponível. Às vezes penso que, se mais pessoas como eu tivessem tido, nessa época, oportunidade de ingressarem nos cursos de direito das universidades públicas, através de políticas voltadas para o ingresso de negros e egressos da escola pública como as implementadas no seu governo e no de Dilma, talvez o Judiciário fosse, hoje, uma instituição mais arejada, justa e responsável e não um instrumento de manutenção de privilégios e do 'status quo', atuando com mão de ferro contra uns, mesmo sem provas, e fechando os olhos para outros, com provas em abundância; agindo à revelia da Constituição e de acordo com os ventos instáveis da política. Mas, claro, não descarto a possibilidade de, assim, tivesse sido, ter me transformado em mais uma advogada, juíza, promotora integrada ao sistema, servindo a sua manutenção contínua e perpétua.

Nessa época, imperava entre nós uma ideia muito poderosa que, no seu governo e na presidência de Dilma, foi perdendo força, até se transformar no que é hoje, uma espécie de "lenda urbana", a tal meritocracia. Acreditávamos, nos fizeram acreditar, que experiências múltiplas, dos mais pobres aos mais ricos, poderiam ser justamente niveladas com formas igualitárias de acesso aos setores públicos. Sinceramente, não entendo como ficamos presos nessa armadilha durante tanto tempo...

Acabei ingressando num curso menos concorrido, mas que eu igualmente passei a amar e no qual eu pude realizar-me como professora, educadora e desenvolver o senso crítico acerca da realidade que nos cerca. No curso de história dediquei-me ao máximo, mesmo trabalhando 8 horas diárias para, a partir dele, romper com as amarras de classe que eu e outros tantos brasileiros estávamos condenados, simplesmente por termos nascido pobres. Fiz mestrado, doutorado, pós-doutorado, este 2 vezes, estudei nas melhores universidades públicas do país, tive bolsa de estudos, morei na França. Tudo isto graças às mudanças - estruturais, de mentalidade, que seu governo e o de Dilma promoveram.

Nossos primeiros empregos na universidade pública foram numa federal criada no seu governo, numa das regiões mais pobres do país, o Vale do Jequitinhonha. Passamos no concurso num dos momentos mais difíceis das nossas vidas, tínhamos terminado o doutorado e, por isto, não encontrávamos emprego nas instituições particulares que raramente contratam doutores, na mesma época em que tivemos nossa primeira filha.

Nessa época, não foi só nossa realidade que mudou, acompanhamos a mesma mudança acontecer na vida de muitos estudantes daquela região e como é compensador vê-los desbravando novos caminhos, mundo afora. Temos ex-alunos em todas as partes, fazendo pós-graduação, trabalhando em museus, laboratórios, agências internacionais.

Nessas idas e vindas entre Diamantina, onde ficava o campus, e o Paraná, onde visitávamos nossas famílias nas férias, acompanhamos também as obras do PAC. Só quem vivenciou essas mudanças no Brasil profundo, sabe o impacto que teve seu governo e o da presidenta no dia a dia dessas populações e nas mais variadas instâncias da vida nacional.

Hoje, leciono História do Brasil numa universidade do Paraná e continuo presenciando o impacto das mudanças implementadas no seu governo e no de Dilma, dentro e fora da universidade. Por mais conflitos que existam e que bom porque é uma prova de que não estamos mais empurrando nossos problemas mais sensíveis (como da desigualdade social e o racismo) para debaixo do tapete e a sociedade, hoje, vê-se diante da necessidade de discuti-los e superá-los e, nesse contexto, a universidade, felizmente, tem sido palco dessas mudanças.

Em protesto à perseguição que o senhor vem sofrendo diuturnamente, sem trégua, no dia 10 de maio de 2017, dia do seu depoimento em Curitiba, filiei-me formalmente ao PT. Se por trás de tudo isto está o projeto de aniquilamento do PT no Brasil, vamos renascer mais fortes e unidos contra a ameaça à democracia, ao estado de direito e à ofensiva fascista.

Sei que muita gente não consegue ou se nega a enxergar todas as mudanças ocorridas no Brasil a partir dos anos 2000. Ou porque nunca passaram necessidade na vida e precisam garantir os privilégios cristalizados ao longo da história, ou porque estão suficientemente influenciados pelas mídias hegemônicas e seus agentes, a Rede Globo especialmente, ou porque nasceram nos anos 1990 e sequer têm a dimensão do que foram as décadas anteriores quando imperava a violência de Estado e a experiência de escassez. Como disse Mujica, as gerações são incapazes de aprender com as experiências de outras gerações, infelizmente. Daí a dificuldade delas em compreender o impacto do seu governo e a situação atual, pois sua percepção social está atrelada a um período de desenvolvimento. Daí também a relativização que elas têm feito de regimes autoritários/totalitários e até políticas de extermínio/tortura, muitas vezes estimuladas por pessoas irresponsáveis, de natureza fascista, que se apresentam como paladinos da moral, entoando palavras de ordem, quando, na realidade, não passam de fanfarrões da República, de brutamontes... de merda.

De qualquer forma e independente disto, gostaria que soubesse que tem uma multidão de pessoas ao seu lado e que estamos lutando, cada um ao seu modo, pela sua libertação, não vamos descansar até vê-lo retomar sua trajetória de luta, para a qual sempre esteve predestinado. Isto deve acontecer em breve dada a inconstitucionalidade da sua prisão. Queremos crer que vivemos numa democracia, frágil, porém uma democracia, e que nossa luta não é nem nunca será em vão, que servirá para consolidá-la diante de mais um golpe (que espero seja o último) em curso nesse país.

Que nossos filhos e entes queridos não sofram, no futuro, as consequências da nossa passividade diante das perdas, sucessivas e sistemáticas, de direitos sociais, civis e políticos nem tenham vergonha de quem fomos nem de como agimos ou não agimos diante de tudo que está acontecendo, já que não agir, na situação atual, é também uma ação.

Espero que essa carta chegue ao seu destino, às mãos do maior presidente deste país, e não seja interceptada confirmando o que muitas pessoas têm denunciado há algum tempo, isto é, a estruturação de uma ditadura no Brasil de novo porte, com as instituições mais respeitáveis (ou que deveriam ser) a seu serviço, com velhos atores aliando-se a novos sujeitos, nacional e internacionalmente.

D. Mariza e sua mãe estão, em algum lugar, lhe protegendo, zelando pelo filho mais nobre dessa nação. Assim como nós, nas ruas, nos lares, nas capitais, nas pequenas e grandes cidades, nos lugares mais distantes desse país. Como ideia, o senhor está em todos os lugares, fazendo pensar, e como semente germina vigorosamente nas nossas mentes e corações.

Agradeço por mim, minha família, meus amigos, meus colegas e meus alunos tudo o que o senhor fez e ainda irá fazer pelo povo brasileiro, mesmo que parcela dele não mereça nem tem consciência da sua magnitude, do grande presidente que o senhor foi e, temos fé, ainda será.

Por fim, o que me resta pedir agora é que aguente firme aí que, enquanto isso, a gente segura as pontas por aqui.

Com saudade, com tristeza, porém com fé, com esperança, estamos ao seu lado, presidente. Receba nosso carinho e amor, nosso afeto e ternura.

Um grande abraço dessa família que muito lhe estima e que luta por um país melhor, onde a igualdade não seja apenas uma palavra vazia de sentido e de significado e onde os sonhos não envelheçam nunca.

Miliandre Garcia
Curitiba, 9 de abril de 2018.

Em tempo: O senhor não sabe, mas meu segundo filho, Francisco é seu afilhado. Que São Francisco lhe proteja e esteja ao seu lado porque, já sabemos, o Papa está.

Teresina, 13 de abril de 2018

Bom dia Presidente,

Me chamo Ana Carolina. Sou piauiense e, apesar de ter nascido e sempre morado num dos estados mais pobres da nação, nunca passei nenhum tipo de necessidade ou desconforto social. Sempre tive acesso a comida e educação de qualidade. Nasci numa família privilegiada nesse Brasil. Mas o privilégio maior que minha família proporcionou foi me passar valores progressistas e humanistas, sobretudo meu avô, minha mãe e minha tia (morávamos todos juntos).

Meu avô, Benedito Adad, era um refugiado da guerra da Síria. Formou-se em medicina e começou a trabalhar junto a comunidades indígenas do interior do Maranhão. Grande apaixonado pela política, ele proporcionou minha primeira lembrança nesse sentido: já frágil, com saúde debilitada, puxou uma cadeira em frente a televisão e começou a chorar assistindo à promulgação da constituição de 88. Homem feito que era, nunca havia chorado em razão de suas doenças, mas nesse dia chorou. Foi aí que eu, aos 9 anos de idade comecei a perceber que esse negócio de democracia devia ser importante mesmo.

Minha mãe, Irene, também médica, ao nos levar quando crianças aos postos de saúde onde atendia, nos ensinou sempre a sentir compaixão pelos que tanto necessitavam. Médica do SUS, comumente emitia o triste diagnóstico a seus pacientes: FOME. Tentava aplacar momentaneamente aquele sofrimento e mantinha sua casa sempre aberta a eles, a "casa de Irene".

Minha Tia Lúcia, trabalhando sempre com pesquisas num órgão estadual, a CEPRO, sentia doer no peito a desigualdade por ela catalogada em seus estudos. A cada viagem feita pelo interior do Estado para coleta de dados, voltava mais obstinada com a promoção da igualdade social.

Foi nesse ambiente de afeto, amor e caridade que minha personalidade e de minha irmã Ana Cristina (que também subscreve a mensagem do Coletivo Diocesano contra o Golpe, cuja presente carta vai anexada) foi sendo forjada. Lembro de já em 89 sentir profunda tristeza por não terem deixado a estrela de Lula Lá brilhar. Criança, mas já sentia o poder transformador de suas palavras e ações.

Em 97, entrei para o curso de direito na UFPI. Época em que o ingresso em uma universidade era um direito reservado apenas a alunos de classes média e alta, praticamente. Não era "natural" um aluno proveniente de escola pública conquistar a oportunidade de fazer um curso superior, sobretudo esses cursos formadores de "doutores". Me desiludi com aquele universo logo cedo, em que o direito estudado não é o mesmo aplicado, em que a lei não é para todos e que a injustiça é corriqueira. Mas quem sou eu para lhe falar em injustiça, não é mesmo? Enfim, pelo menos conheci meu companheiro, Hugo (também do coletivo), e terminei o curso naquela universidade sucateada, sem carteira, sem ventilador, sem material e sem professor. Saí de lá em 2002, antes da esperança começar a vencer o medo e não pude acompanhar tão de perto a revolução e evolução pelas quais começou a passar a UFPI após sua eleição.

A partir de 2003, comecei a ver seu poder de transformação. Paulatinamente, vi a miséria no meu Estado regredir, vi diminuir o número de pedintes nas ruas, vi o pobre ter acesso a curso superior, vi gente comemorando a chegada de energia elétrica em sua casa, vi o pobre descortinar seus horizontes, pegando um avião e descobrindo que o mundo a ele também pertencia. Vi direitos assegurados a nossas domésticas, que de nossas casas tiveram a feliz oportunidade de sair com seus diplomas em mãos.

E vi que pra isso tudo, minha vida não tinha piorado. Pelo contrário, só melhorou. Daí que ainda não consigo compreender a raiva que a maioria das pessoas pertencentes a minha classe sente por conta de tais conquistas.

Mas do meu lado, pode ter certeza que não existe raiva. Afinal, como diz o Chico, deixa o ódio pra quem tem. Só amor e sonhos trago em meu peito. Amor, sonhos e uma profunda gratidão por tudo que o senhor fez pelos meus conterrâneos e por todo o povo brasileiro.

E é esse amor que me motiva a lhe escrever. E que me faz lhe prometer que sempre lutarei contra a injustiça, a desigualdade e o ódio, assim como o senhor sempre fez, assim como o senhor sempre me ensinou a fazer.

Porque como o senhor mesmo concluiu, o senhor não é mais uma pessoa. É uma ideia, e ideias não podem ser aprisionadas ou mortas. A ideia, a sementinha LULA vai estar agora para sempre pairando no ar, tocando o coração de milhares de brasileiros daqui por diante.

Siga firme, presidente. E tendo a certeza de que desde aquele 07 de abril nossos corações estão dentro de sua cela também. E que do universo em que elas estão, Dona Lindu e Dona Marisa estão lhe guardando e lhe provendo.

Até Breve. O povo lhe aguarda.

Prazer. E, corrigindo o que escrevi lá no comecinho, não sou mais só Ana Carolina. Agora sou Ana Carolina Lula da Silva.

The-Pi 13/04/18

Rio de Janeiro, 16 de abril de 2018

Presidente,

Hoje é segunda feira, precisamente 16/04/2018. Desde o golpe de 2016 sinto-me envergonhado de continuar morando no Brasil, tendo sempre que explicar os reais motivos por defender tanto o senhor e a presidente Dilma.

Nasci em uma comunidade carente no município de Teresópolis/RJ, criado pela minha avó, até hoje sequer sei o nome do homem que contribuiu para que eu nascesse. Aos meus 12 anos de idade perdi minha avó e toda a estrutura familiar que tinha até então, tive que ir morar com minha genitora, a qual já criava mais três irmãos menores. Diria que estes foram os piores anos da minha vida. Não só por não ter o que comer as vezes, não só por presenciar as agressões físicas todas as noites do meu padrasto para com a mãe dos meus irmãos, mas principalmente por ter que dividir meus turnos de estudo com a coleta de "latinhas" e materiais recicláveis para vende-los e de alguma forma poder ajudar no sustento da casa.

Eu ainda era pequeno, nem tinha idade mínima para votar e já via o senhor na televisão e pensava comigo um dia ainda vou votar nesse homem, por ajudar tanto os pobres e aqueles que a sociedade vira o rosto quando passa. E assim foi feito, 16 anos e a primeira meta: tirar meu título de eleitor e votar no 13. Assim eu o fiz no seu segundo mandato, e nos dois mandatos da presidente Dilma.

Hoje graças a Deus e ao senhor posso viajar de avião, hoje tenho um teto para morar e todos os dias quando acordo tenho pão e leite. Hoje tenho curso superior concluído graças aos seus programas de educação pública, hoje curso pós-graduação na modalidade de residência, no maior programa de residência em saúde da família do Brasil, lugar este onde te escrevo essa humilde carta. Na minha turma tem 35 alunos e apenas 2 negros. Então enquanto eu ainda tiver forças vou lutar para defender sua candidatura, sua eleição, e sua vitória pois onde eu estaria se não tivesse sido oportunizado a estudar e ser alguém melhor?

Tenho certeza que o senhor é forte e vai sair muito mais forte dessa fase que está passando.

Eu contei um pouco da minha história e o quanto o senhor faz parte dela. Eu só tenho a te agradecer por não desistir do Brasil, por não desistir dos pobres, por não desistir de mim.

Espero que você saia logo daí, e que eu possa realizar meu sonho que é poder te dar um abraço e te dizer obrigado olhando nos seus olhos.

Fica bem, e volta logo para os braços do povo que é o seu lugar.

Eu te amo 13 vezes

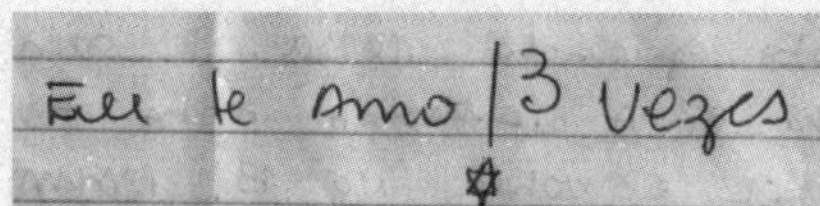

#LULALIVRE
#PAIDOSPOBRES
#MINHAHISTÓRIA

Douglas WIlliam Dias

Poço Fundo, 18 de abril de 2018

Prezado Lula, gostaria muito de ir até você pra te dar o meu abraço de agradecimento. Vivo num dilema de tristeza e esperança. Por um lado, por saber que o seu legado ao povo brasileiro tem sido desmontado a cada dia, por outro, de saber que este seu legado ninguém pode nos roubar, já virou uma ideia de todos os brasileiros de bem, como já disse.

Lula, sou imensamente grato ao seu governo por ter me feito acreditar que um mundo melhor é possível. Sou agricultor familiar, a classe que recebeu dezenas de programas sociais e que revolucionou a economia do meu município de Poço Fundo, MG e de todos que tem ela por base da economia. Antes do seu governo, mal podíamos pisar nos bancos públicos. Os investimentos disponíveis tinham destinos certos aos fazendeirinhos da cidade. Passamos a ser prioridade no seu governo. O programa “Luz Pra Todos” atingiu a imensa maioria dos agricultores deste município. Quem não tinha padrão de luz ganhou e quem já o tinha recebeu adicionais para ampliação de seus investimentos. Os projetos se multiplicaram e a vida rural do meu município se transformou radicalmente. Centenas de secadores de café, de máquinas de beneficiamento, de tratores, caminhonetes, assim como centenas de galpões de armazenamentos e de PRONAFs de custeio para lavouras de café. Graças a esta evolução, as moradias rurais tornaram-se objetos de consumo de padrões estéticos nunca vistos na zona rural. Pra você se situar concretamente, só no meu bairro rural, de trinta famílias, há 24 tratores, vinte secadores de café e 9 beneficiadoras de café e todos com PRONAFs de custeio.

Lula, sempre fui petista, desde os anos 80. Recebi minha formação política na Cebs da Igreja católica a qual milito ainda hoje. Foi na CPT que aprendi a amar o planeta e ter esta consciência planetária da sustentabilidade. Tenho imenso orgulho de dizer que sou cofundador de uma entidade que é reconhecida mundialmente por sua organização de base e da qualidade do seu produto, a COOPFAM, que por ironia do destino, oficializamos como cooperativa no ano de 2002, ano da sua primeira vitória eleitoral. Ela é referência no Brasil na produção de cafés orgânicos e Fairtrade. Foi fundada por pequenos agricultores militantes da CPT-Cebs e do PT municipal. Tenho orgulho de dizer que foi graças ao seu governo, no programa de subsídios do MDA à cooperativas e associações de pequenos agricultores, que expandimos o nosso marqueting ao mundo participando de feiras internacionais. Já vendemos café pra mais de quinze países. Particularmente, participei em 2008 da Biofah em Nuremberg-Alemanha. Foi um marco na minha vida. Imagina um pequeno agricultor de café orgânico numa feira internacional de grande visibilidade, reunindo e participando de negociações com grandes empresários do setor! Dá pra imaginar a dimensão disso?

Lula, a minha vida tem com você alguma simbiose. Casei no mesmo ano da sua eleição, 2002. Tenho duas lindas princesas que são a razão da minha vida, 12 e 14.

Orgulho-me de ver o destaque de ambas na escola com consciência social e política. A mais velha, Ana Clara, já é sua defensora nata e escreve muitíssimo bem. E minha grande tristeza é saber que, logo agora que se aproxima dos términos de seus estudos básicos, os programas de apoio à educação estão sendo sucateados. Por outro lado alimento a esperança de que a esquerda brasileira continuará a ganhar eleições.

Lula, ah como queria continuar escrevendo pra lhe contar como amo ser petista e ser seu fã mas despeço por aqui pra que o texto não te canse na leitura.

Abraços.

João Ademir Pereira

Belém, 19 de abril de 2018

Meu querido Luis Inácio ♡,

Desde o dia que fostes preso e tanta gente foi se mobilizando pra ficar perto de ti no cárcere que não paro de pensar como seria bom voltar à Curitiba! Além de visitar minha grande amiga Nati, eu iria realizar esse desejo de juntar-me a todos pela manhã e em côro te desejar: - BOM DIA, LULA!!!

É só no que tenho pensado quando se fala em Curitiba! Em juntar-me a centenas de corações e dizer que estamos contigo! Que estamos pelo que é justo, que estamos juntos pelo Brasil, por mim, pela minha filha, por todos!

Queria poder tirar umas férias no trabalho para esse intento, mas não tenho mais férias, só a partir de junho, como não tenho condições de ir também por causa de grana, decidi finalmente parar pra te escrever minha cartinha. Sou apaixonada por cartas! Quando vi essa ideia achei o máximo! Mas tá tudo tão louco que só agora parei pra isso!

Hoje os rodoviários estão de greve aqui e ontem na assembleia da categoria a que pertenço (sou técnica em gestão da educação pública estadual, base do Sintepp) deliberamos pela greve a partir do dia 02/05. Esses últimos dias foram bem intensos pra mim, pois tive que pensar muito no que fazer, refleti muito sobre a minha militância e se estou realmente no caminho certo.

Mas quando vejo uma foto de Ângela Davis ao lado de Dilma segurando um cartaz "Lula Livre", eu penso que estou seguindo sim no caminho certo. Lula, eu sou negra, e tenho uma filhinha negra como eu de 3 aninhos. Típicas negras da Amazônia, uma que sabe o que é carregar na pele o preconceito. Só depois de quase adulta, na militância, que pude entender tudo o que sofri de preconceito e de desprezo. É muito triste viver em uma sociedade que ainda não se libertou da cultura escravagista!

Lembro da batalha que foi para aprovar as cotas, como tantas outras batalhas contra o pensamento tacanho da camada da sociedade preconceituosa, que pensa que é dona dos meios de produção, que por ter um pouco mais de privilégios se acha no topo da pirâmide, como se fosse desse topo, coitados! Fazem de tudo pra não perder privilégio, destilam ódio se for preciso! Aliás, parece ser a arma predileta!

Voltando a minha vida e minha militância, eu comecei a militar no movimento de juventude e meio ambiente, na REJUMA, era um desdobramento das políticas de incentivo à organização juvenil de seu primeiro mandato de presidente. Sempre brinco de tu és o "ex" que mais sinto saudade! Hehe! Fui muito feliz nesse tempo e aprendi muita coisa, inclusive a importância e diferença do seu governo.

Saí da juventude ambientalista, fui para a Marcha Mundial das Mulheres e em seguida, junho de 2013, entrei para o movimento sindical e me filiei ao PT, virei CUT. Quando te ouvi antes de partir para a prisão dizer que o maior ganho de uma greve não é a porcentagem de reajuste e sim o ganho político, de formação política, isso tocou meu coração e não consegui mais esquecer! Por isso meu peito palpitou e não penso em outra coisa senão me dedicar a esse movimento, luta de classes na veia das/os trabalhadoras/es!

Seguimos em luta, companheiro!

Um grande abraço,

Ana Carla.

OU LULA
OU NADA
LULA
LIVRE
LULA LÁ!
PT

SOMOS
MILHÕES
DE LULAS!
POR SEU LEGADO

O MUNDO É UM MOINHO...
VAI TRITURAR
A DOR E A MALDADE
FORÇA
LULA
ESTAMOS
CONTIGO

FREELULA
#LULALIVRE
BRAZIL STAND WITH LULA
DEFEND
DEMOCRACY
IN BRAZIL

LULA
LIVRE

Luis Inácio Lula da Silva
30 ABR 2018
Uma flor do sertão Nasceu em 27 de outubro de 1945 mais conhecida como Lula, nasceu em uma cidade muito pobre, porém ele tinha coração nobre. Lutou, batalhou e finalmente conquistou, nosso amado presidente se tornou.
Como presidente fez muito pela Gente, tirando muitos da pobreza e a igualdade ele buscou. Muitos obras executou como bolsa Família, pobre andar de avião, etc.
Novembro de 2018
Querido Presidente Lula,
LULA LIVRE

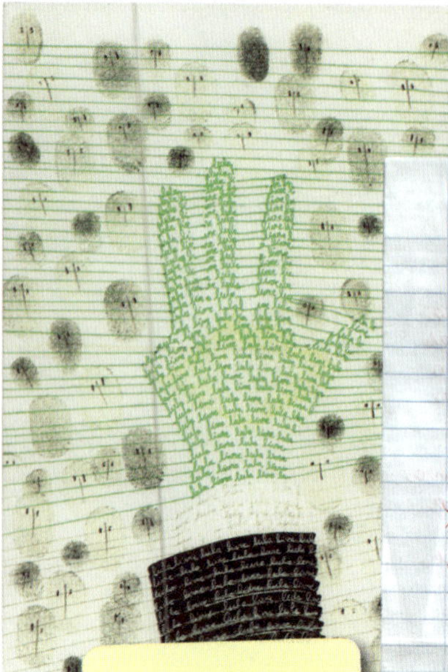

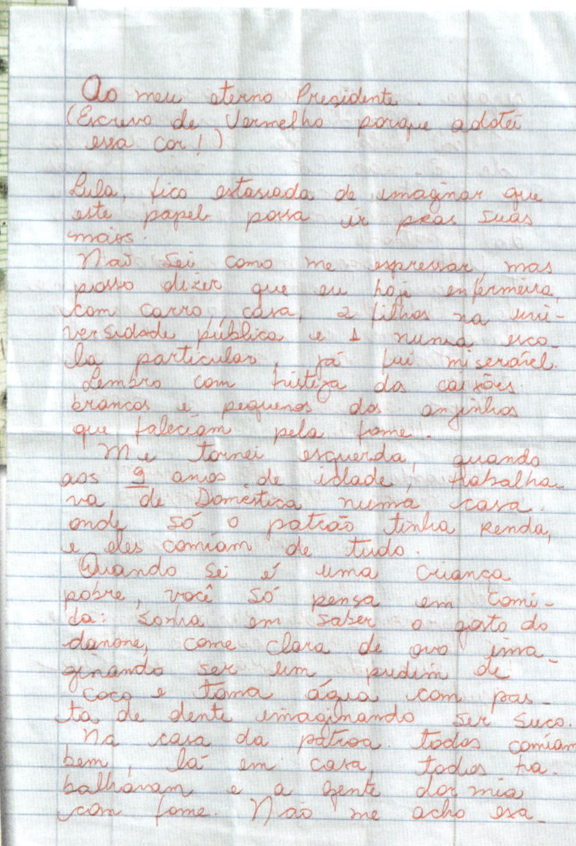

Ao meu eterno Presidente.
(Escrevo de Vermelho porque adotei essa cor!)

Lula, fico estasiada de imaginar que este papel possa ir pras suas mãos.

Não sei como me expressar mas posso dizer que eu hoje enfermeira, com carro, casa, 2 filhos na universidade pública e 1 numa escola particular, já fui miserável.

Lembro com tristeza da caixões brancos e pequenos dos anjinhos que faleciam pela fome.

Me tornei esquerda, quando aos 9 anos de idade, trabalhava de Doméstica numa casa onde só o patrão tinha renda, e eles comiam de tudo.

Quando se é uma criança pobre, você só pensa em comida: sonha em saber o gosto do danone, come clara de ovo imaginando ser um pudim de coco e toma água com pasta de dente imaginando ser suco.

Na casa da patroa todos comiam bem, lá em casa, todos trabalhavam e a gente dormia com fome. Não me acho esa-

Querido LULA espero que esteja tudo bem, saia logo dessa cadeia (é o que eu penso todo dia) te adoro! eu adoro dezenhar e adoro presentear espero que goste dos dezenhos!
#LulaLivreJá...
NINGUÉM SOLTA A MÃO DO LULA
LULA LIVRE
PRISÃO SEM PROVA É PRISÃO POLÍTICA
LULA LIVRE
Obrigada, querido!
Obrigada, querido!
Obrigada, querido!
Obrigada, querido!
LULA INOCENTE

Feliz Natal,
nosso Presidente!
Olá, meu querido
e eterno presidente
Lula! Desejo que
você tenha um feliz
Natal se é que isso é
possível para um inocente
preso, mas os seus inquisi-
dores jamais conseguirão
apagar o brilho da sua
gloriosa estrela. A inveja
é degenerativa e eles estão
corroídos por ela, "homens
que tem preço não aceitam
a grandeza dos HOMENS
que tem valor".
Força guerreiro, nenhum
ser honesto e inteligente
apoia a sua prisão!
Um grande abraço!
A Palavra Lula
A palavra cão não morde
A palavra ave não pia
A palavra peixe não nada
A palavra depois não adia
A palavra vento não sopra
A palavra sol não ilumina
A palavra chuva não molha
A palavra semente não germina
A palavra criança não brinca
A palavra legume não nasce na horta
A palavra casa não abriga
A palavra amigo não conforta
A palavra comida não mata a fome
A palavra orgasmo não sacia
A palavra dinheiro não paga as contas
A palavra liberdade não alforria
A palavra sono não dorme
A palavra flor não vem do jardim
A palavra dor não sofre
A palavra infinito tem começo e fim
A palavra injustiça persiste
A palavra Deus existe
A palavra verdade insiste
A palavra Lula resiste!
Para Lula
com carinho
Pensar e lutar
Livre Livre

LULA INOCENTE
Sem medo de ser feliz
#LulaValeALuta
NIN GUÉM SOLTA A MÃO DE NIN GUÉM
manifesto afetivo de resistência e pelas liberdades
CLARABOIA
ninguém solta a mão de ninguém
CLARABOIA
LULASTÊ
O LULA QUE HABITA EM MIM SAÚDA O LULA QUE HABITA EM VOCÊ

Querido Lula:

Minas Gerais está com as portas abertas para você vir e saborear um cafezinho e um delicioso pão-de-queijo.

Eu te tenho muita estima!

Um forte abraço,

da mineira.

P.T.

P.T.

Presidente Lula,

Foi em 27 de outubro de 2002 que conheci o seu poder. Aquele mar vermelho de gente comemorando a sua vitória me incomodou profundamente. Coitada de mim! Não tinha a menor idéia dos meus (poucos) privilégios, não sabia o que era empatia e nem consciência de classe (embora minha família seja humilde e trabalhadora).

Mas tive olhos pra ver a eletricidade e o desenvolvimento chegarem onde nem se imaginava, vi crianças indo pra escola, pobres e negros entrando na faculdade e transformando a vida de suas humildes famílias, vi o meu país saindo do mapa da fome e vi aquele presidente (que não me representava) ser reconhecido como uma referência pelo mundo afora.

Estudei, evoluí, me formei professora de matemática atuante em escola pública em região de vulnerabilidade social, conheci uma realidade que nem imaginava existir, e não reconheço mais aquela moça de 16 anos atrás. Ainda bem!

Hoje queria eu estar comemorando naquele mar vermelho de gente, com a mesma energia que tive para gritar ELE NÃO, ELE NUNCA pelas ruas da minha cidade.

Infelizmente esse ano não tive nada pra comemorar após essas eleições, a não ser o meu amadurecimento político, minha necessidade de me posicionar.

Enquanto a roda da política gira e passamos por esse ciclo, fique firme, Presidente Lula! Permaneçamos unidos! Seu povo brasileiro te dando força para os dias difíceis que você terá aí dentro (que sejam breves), e você nos dando esperança para a tempestade que está armando aqui fora.

Paz, saúde, resignação. É o que te desejo em 2019 e sempre!

Com carinho, da sua admiradora,

Raquel

novembro / 2018

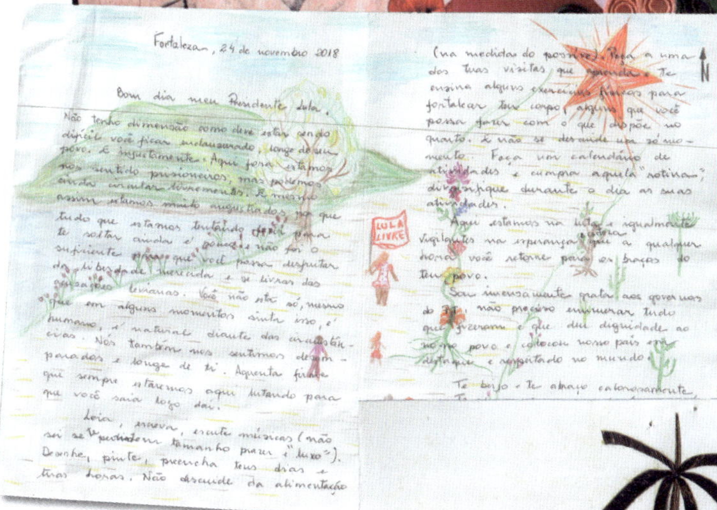
Fortaleza, 24 de novembro 2018

Bom dia meu Presidente Lula,

Não tenho dimensão como deve estar sendo difícil você ficar enclausurado, longe de seu povo. E injustamente. Aqui fora estamos nos sentindo prisioneiros, mas podemos ainda circular livremente. E mesmo assim estamos muito angustiados por que tudo que estamos tentando [illegible] para te soltar ainda é pouco e não foi o suficiente [illegible] que você possa desfrutar da liberdade merecida e se livrar das esmagadoras ponderações levianas. Você não está só, mesmo que em alguns momentos sinta isso, é humano, é natural diante das circunstâncias. Nós também nos sentimos desamparados e longe de ti. Aguenta firme que sempre estaremos aqui lutando para que você saia logo daí.

Leia, escreva, escute músicas (não sei se te permitem tamanho prazer e "luxo"). Desenhe, pinte, preencha teus dias e tuas horas. Não descuide da alimentação (na medida do possível). Peça a uma das tuas visitas que aprenda. Te ensina alguns exercícios físicos para fortalecer teu corpo, alguns que você possa fazer com o que dispõe no quarto. E não se descuide um só momento. Faça um calendário de atividades e cumpra aquela "rotina"; diversifique durante o dia as suas atividades.

Aqui estamos na luta e igualmente vigilantes na esperança que a qualquer hora você retorne para os braços do teu povo.

Sou imensamente grata aos governos do PT, não preciso enumerar tudo que fizeram e que deu dignidade ao nosso povo e colocou nosso país em destaque e respeitado no mundo.

Te beijo e te abraço calorosamente,

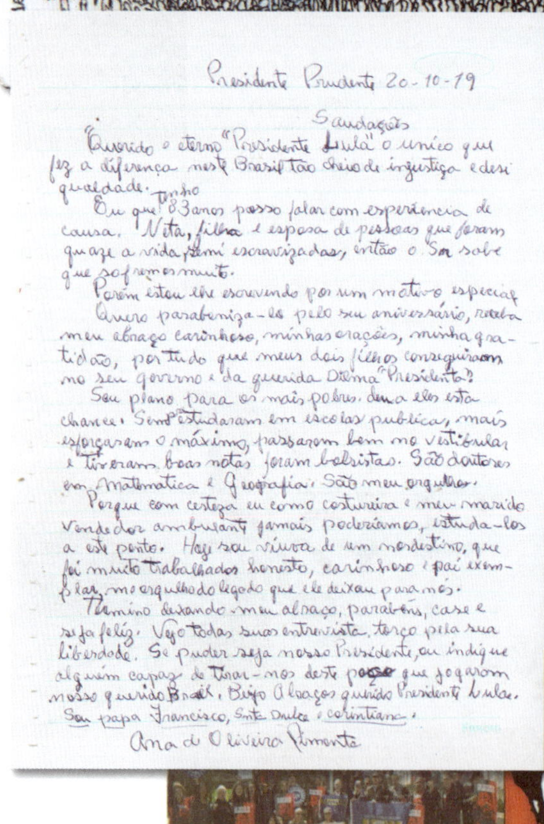

Presidente Prudente 20-10-19

Saudações

"Querido e eterno "Presidente Lula" o único que fez a diferença neste Brasil tão cheio de injustiça e desigualdade.

Eu que tenho 83 anos posso falar com experiência de causa. Neta, filha e esposa de pessoas que foram quaze a vida semi escravizadas, então o Sr sabe que sofremos muito.

Porém estou lhe escrevendo por um motivo especial

Quero parabenizá-lo pelo seu aniversário, receba meu abraço carinhoso, minhas orações, minha gratidão, por tudo que meus dois filhos conseguiram no seu governo e da querida Dilma "Presidenta".

Seu plano para os mais pobres deu a eles esta chance. Sempre estudaram em escolas publicas, mais esforçaram o máximo, passaram bem no vestibular e tiveram boas notas foram bolsistas. São doutores em Matematica e Geografia. São meu orgulho.

Porque com certeza eu como costureira e meu marido vendedor ambulante jamais poderíamos, estuda-los a este ponto. Hoje sou viúva de um nordestino, que foi muito trabalhador honesto, carinhoso e pai exemplar, me orgulho do legado que ele deixou para nós.

Termino deixando meu abraço, parabéns, case e seja feliz. Vejo todas suas entrevista, torço pela sua liberdade. Se puder seja nosso Presidente, ou indique alguém capaz de tirar-nos deste poço que jogaram nosso querido Brasil. Beijo Abraços querido Presidente Lula.

Sou papa Francisco, Santa Dulce e corintiana.

Ana de Oliveira Pimenta

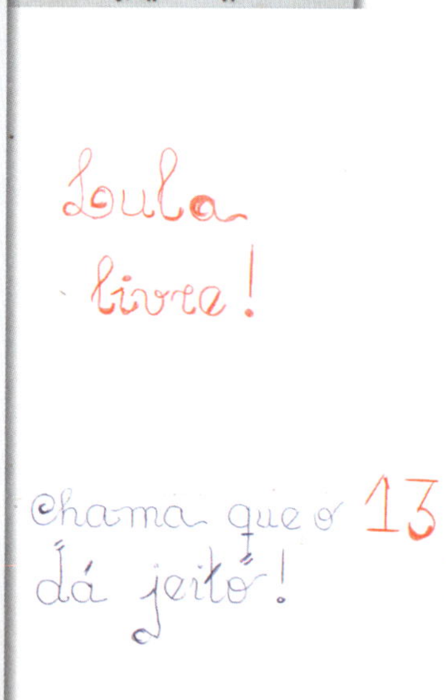

CARTAS
DA OCUPAÇÃO DO
MST NO INCRA
EM GOIÁS - ABRIL 2018
LULA LIVRE!!
PT
O POVO QUER
LULA
LIVRE
POEMA CONTRACORRENTE
LULA
Jamais Irão Aprisionar Nossos Sonhos
LULA LIVRE
Lula livre
LULA PELO BRASIL
SC 2018
LULA LIVRE
LULA INOCENTE

São Paulo, 16 de Abril de
Querido Lula
Estou colocando datas
sei que bem antes o Senhor
COMPAÑERO LULA
DESDE COLOMBIA HE SEGUIDO LAS NOTICIAS QUE LLEGAN DESDE BRASIL, UN PAÍS QUE TENGO TATUADO EN LA MEMORIA.
LOS ENEMIGOS DE LA VIDA VIENEN CON TODO Y CONTRA TODOS, TRAEN TRAMPAS, MENTIRAS, CÁRCELES Y MUERTE. PERO MIENTRAS QUEDE SOBRE LA TIERRA UN SOLO HOMBRE DIGNO, CONTINUARÁ LA LUCHA, DE ESO PODÉS ESTAR SEGURO.
ESTA NOTA ES SOLO UNA FORMA DE DECIRTE QUE AQUÍ ESTAMOS, PELEANDO DESDE TODOS LOS CONFINES DE LA TIERRA. AQUÍ ESTAMOS ESPERANDO QUE SALGAS DE LA CÁRCEL DIRECTO A LA PRESIDENCIA.
UN ABRAZO FRATERNAL
LULA AJUDA QUEM MAIS PRECISA
Superintendência
Polícia Federal
LULA
LIVRE
Lula
Feliz
ANIVERSÁRIO
LULA
LIVRE!

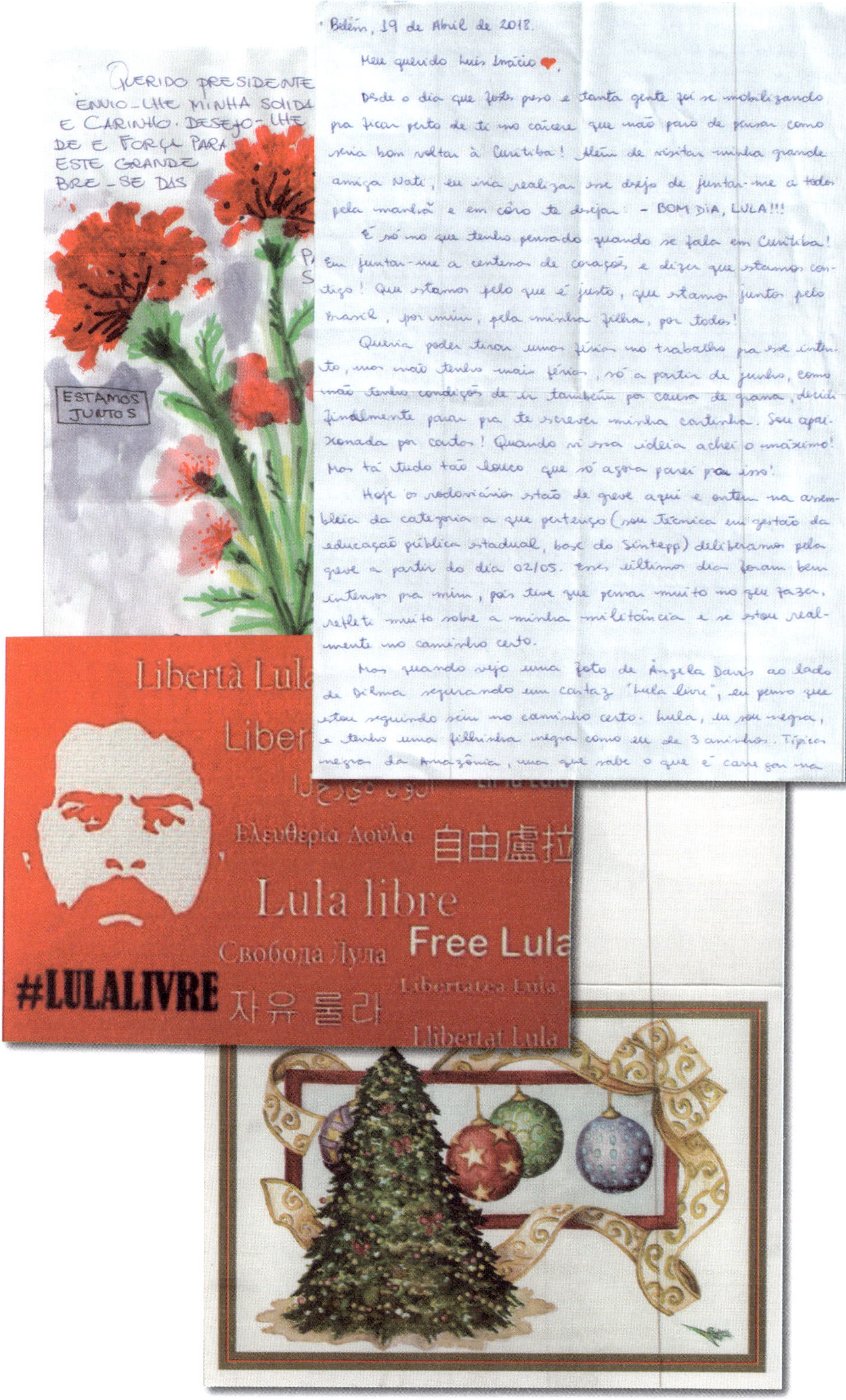

Belém, 19 de Abril de 2018.

Meu querido Luís Inácio ♥.

Desde o dia que fostes preso e tanta gente foi se mobilizando pra ficar perto de ti no cárcere que não paro de pensar como seria bom voltar à Curitiba! Além de visitar minha grande amiga Nati, eu iria realizar esse desejo de juntar-me a todos pela manhã e em côro te desejar: - BOM DIA, LULA!!!

É só no que tenho pensado quando se fala em Curitiba! Em juntar-me a centenas de corações e dizer que estamos contigo! Que estamos pelo que é justo, que estamos juntos pelo Brasil, por mim, pela minha filha, por todos!

Queria poder tirar umas férias no trabalho pra esse intento, mas não tenho mais férias, só a partir de junho, como não tenho condições de ir também por causa de grana, decidi finalmente parar pra te escrever minha cartinha. Sou apaixonada por cartas! Quando vi essa ideia achei o máximo! Mas tá tudo tão louco que só agora parei pra isso!

Hoje os rodoviários estão de greve aqui e ontem na assembléia da categoria a que pertenço (sou Técnica em gestão da educação pública estadual, base do Sintepp) deliberamos pela greve a partir do dia 02/05. Esses últimos dias foram bem intensos pra mim, pois tive que pensar muito no que fazer, refleti muito sobre a minha militância e se estou realmente no caminho certo.

Mas quando vejo uma foto de Ângela Davis ao lado de Dilma segurando um cartaz "Lula livre", eu penso que estou seguindo sim no caminho certo. Lula, eu sou negra, e tenho uma filhinha negra como eu de 3 aninhos. Típicas negras da Amazônia, uma que sabe o que é carregar na

Liberdade há de chegar!

BÍBLIA SAGRADA

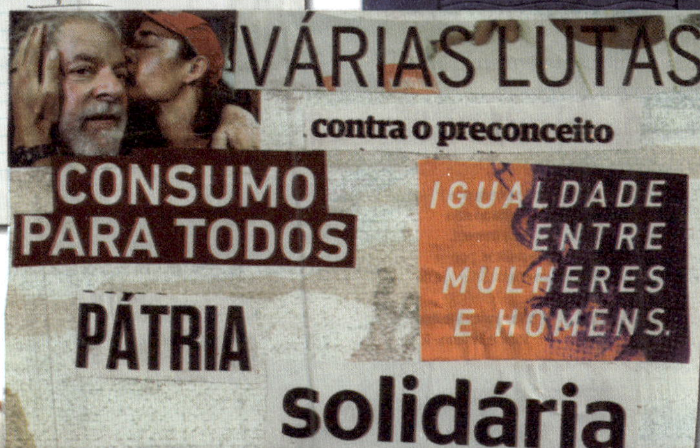
VÁRIAS LUTAS
contra o preconceito
CONSUMO PARA TODOS
IGUALDADE ENTRE MULHERES E HOMENS.
PÁTRIA
solidária

"O Sol há de brilhar mais uma vez
A luz há de chegar aos corações
Do mal será queimada a semente
O amor será eterno novamente
É o juízo final
A história do bem e do mal
Quero ter olhos pra ver
A maldade
desaparecer"

SOY UNA IDEA
MEZCLADA CON
VUESTRA IDEA
LULA LIVRE

Meu querido Presidente Lula,
Um grande beijo e espero te ver livre o mais cedo!
Dilma
COMITÊ INTERNACIONAL
Lula Livre
Remetente
Dilma Rousseff
Natal com Lula
Lula Livre
Lula é Inocente
Zona Oeste
NOCAUTE
LULA LIVRE
Meu querido Presidente Lula,
COMITÊ INTERNACIONAL
Lula Livre
Remetente
JOSE GENOINO

LULA,
A REDE ASA CONSTRÓI E ARTICULA PROCESSOS PARTICIPATIVOS PARA O DESENVOLVIMENTO DE POLÍTICAS DE CONVIVÊNCIA COM O SEMIÁRIDO, REFERENCIADA EM VALORES CULTURAIS E DE JUSTIÇA SOCIAL EM UM PROJETO POLÍTICO PARA A REGIÃO. AS ORGANIZAÇÕES QUE INTEGRAM A ASA ESTÃO ORGANIZADAS EM FÓRUNS E REDES EM 10 ESTADOS (AL, BA, CE, PE, PB, PI, SE, RN, MA E MG).
LULA
LIBRE
Curitiba, 09/04/2018
Lula
A luz que nasce na escuridão é a mais bonita, mais alegre, mais poderosa.
Tudo passa, esse tormento tem data para acabar.
Te esperamos de braços abertos.
FAZ BEM
AO BRASIL
RESISTIR
HEIWA
PAIX
MIR
PEACE
PAZ
#LULA
LIVRE
LA LIVRE
CULTIVO UNA ROSA BLANCA
EN JUNIO COMO EN ENERO
PARA EL AMIGO SINCERO
QUE ME DA SU MANO FRANCA.
EL CORAZÓN CON QUE VIVO,
CULTIVO LA ROSA BLANCA.
LULA
O VENTO
A CHUVA
MINHAS DORES
MINHA VIDA

Natal, 21 de abril de 2018

Lula muito querido de muitos de nós:

Ia escrever Luís Inácio, de brincadeira, mas me lembrei que quando minha mãe chamava a gente pelo nome completo e bem explicado era porque tínhamos problemas e no mínimo um carão estava a caminho. Dona Lindu também tinha esse costume?

Como vc está de castigo injustamente, não vou fazer a brincadeira.

Já te escrevi uma cartinha. Nos primeiros dias desta jornada dolorosa. Nesta quero comentar uma coisa: a gente fica se perguntando como vc está se sentindo além de naturalmente indignado com a INJUSTIÇA E CRUELDADE desta situação. Como é ser LULA, o nosso Lula, o Lula de tua família, o Lula *cidadão do mundo* e está aí sozinho fisicamente. Este é um pensamento que dói na gente. Não sei se você imagina como é que a dor, dói em nós. Particularmente em nossa geração que te acompanha desde 1978. É uma dor diferente por que não é uma dor "pessoal" só. É uma dor coletiva por uma ferida coletiva. É da categoria da dor que sinto quando vejo adolescentes nos sinais de trânsito, lavando os vidros dos carros da gente. Quando penso que não têm muita coisa boa lhes esperando. Quando penso que tem muitos da mesma idade deles que estão em bons colégios, se divertindo (merecidamente) e com boas possibilidades de serem cidadãos adultos com os

Direitos (ou parte deles) garantidos. Quando vejo um velhinho (que não deve ter mais do que meus 67 anos) na fila do supermercado, comprando um pedacinho de carne de terceira ou umas duas salsichas. Os psiquiatras (sou uma) usavam um termo pra um certo tipo de ansiedade. Era a "ansiedade suspirosa"; estou com esta. Quando penso nestas coisas; nestas dores, nestas faltas, nesta crueldade, na tua soledade (física), no sofrimento dos outros que te amam, na dor dos que te são infinitamente gratos e são atingidos por esta dor e nem entendem o que está acontecendo, quando lembro disto, suspiro profundamente; acho que prá oxigenar o corpo, o juízo inclusive e a alma. E como quem toma uma cibalena ou um anador.

Sou amiga de Ines Filipe de Diadema. Conhecia-a em Cordisburgo (onde vc foi com sua caravana), numa semana Rosiana[5]. Conheço também de lá, a Rioco Genuino (com "u" como era originalmente). Bem, mandei uma msg prá Ines perguntando o que poderia fazer prá não me sentir tão impotente e prá saber alguma notícia menos oficial de você. Ela me sugeriu que te escrevesse uma carta. Resolvi escrever esta segunda. Estávamos (eu e mais alguns amigos e amigas aqui de Natal) querendo ir pra Curitiba o Primeiro de Maio. Mas as passagens estão tão caras!! As mais baratas exigem quase vinte hora pra chegar a Curitiba. E não somos tão jovens, iluminados e fortes como você. As caravanas foram coisas de FORTES. De muita coragem e generosidade. De quem sabe que tem muito a dar. De quem sabe que é necessário. Perdoa comandante e companheiro, vou contribuir com a manutenção do acampamento que não demore nem um minuto a mais : vou me sentir mais representada pelos que estão mais perto de você.

A dor, Lula, a minha, a nossa dos que estamos aqui fora ela tem uma cor especial: ela é igualzinha à dor que a gente sente quando um amigo íntimo está sofrendo. Quando a gente tem saudades de alguém que ama. Você, com este perfil absolutamente único que tem, nos faz sentirmos como se fosse um irmão de sangue e coração. Não só um irmão de causa. Então (ora falo por mim, ora por "nós", meus amigos e amigas) toda hora lembro de vc. Hoje, comendo uma galinha caipira. Na hora de dormir quando sinto o cheiro de meus lençóis e o quão gostoso é nosso cantinho, o cantinho de cada um. Falar nisto lembrei que quando era pequena e morava em Patos, no sertão da Paraíba, dormíamos com lençóis de saco bem branquinhos, lavados com sabão de pedra e quarados naquele solzão da gente. Eram guardados numa mala (não tínhamos guarda-roupas) e de noite minha mãe separava-os e entregava a cada um de nós depois de cheirá-los. Ela conhecia o cheiro do suor das crias (ou seria dos xixis repetidos?). Recordações boas apesar da pobreza. Desta, na verdade eu não tinha consciência. Como os brasileiros que se acham em dívida com você, a consciência da miséria/pobreza fica mais clara quando a gente descobre que existe algo diferente que a gente poderia ter conhecido antes. Na minha infância eu percebia vagamente que tinha gente que vivia melhor. E gente que vivia pior do que nós. Eu tenho certeza que tou falando coisas que vc sabe. Sabe de ouvir, de sentir e sabe porque vc carrega dentro de si "a memória arquetípica" do teu povo. Está no DNA de tua alma. Como vc não conviveu muito com seu pai vou te contar um aprendizado ingênuo: meu pai, como a maioria dos sertanejos e dos pais daquela época não era carinhoso. Tinha outras prioridades. Dele, de um modelo seu de carinho guardo três lembranças porque me aqueciam a alma: ele ajeitava os cordões da rede da gente (vc sabe que os cordões de uma rede tem que ser bem tratados), ele nos cobria quando achava que estávamos dormindo e uma vez, quando meu gato morreu, ele chorou. Ele chorou comigo. Foi uma experiência muito forte, muito linda. E num momento tão aparentemente desimportante.

Meu companheirinho, meu comandante: as saudades que vc sente, nos faz mal. Também nos dói. Se vc precisar de alguém prá ir ajudar a cuidar de teus netos eu vou lá fazer alguma coisa. Por enquanto o que estou fazendo, o que nós estamos fazendo é o que vc pediu naquele dia deste abril lá em São Bernardo: ser tuas pernas, tua voz, teus ouvidos e teus olhos.

Fico torcendo prá que vc leia estas "mal traçadas linhas". E vou te escrever de novo. Espero que a próxima carta já siga para a sede do PT de São Bernardo. Vou te contar de quando te vi e ouvi pela primeira vez, de meu primeiro voto amuado em vc na eleição de São Paulo onde eu votava e de como vc foi chegando na nossa vida e ficando para sempre.

Lula, obrigada. Do mesmo jeito que somos Lulas aos milhões, estamos, milhões, dentro deste lugar onde aprisionaram teu corpo.

Resistamos. Fique forte. Não fique triste. Não adoeça, é uma ordem! Não adoeça. E peço aos céus: que nos deixe adoecer no teu lugar, se for o caso. Preste atenção menino: você não tem direito de ter uma gripe.

Um enorme abraço.

Fátima Lima Lula da Silva.
Natal, feriado de Tiradentes, 2018.

Curitiba, 23 de abril de 2018

Excelentíssimo Senhor Presidente da República Luiz Inácio Lula da Silva,

Me chamo Luís Fernando Costa Cavalheiro e escrevo estas palavras para contar um pouco da minha trajetória. Não quero me alongar. Embora o senhor não possa atuar politicamente aqui fora, sei que há muita coisa a se ocupar neste lugar que injustamente lhe colocaram. Sua prisão foi um dos dias mais tristes de minha vida. O helicóptero que lhe conduziu do aeroporto de São José dos Pinhais para a Superintendência da Polícia Federal passou por cima de minha casa e eu acompanhei tudo, com o choro preso na garganta, porque eu ainda não conseguia acreditar.

É pela minha casa, aliás, que eu gostaria de começar. Moro a cerca de dois quilômetros de onde o senhor se encontra neste momento. É uma casa simples, pequena, mas aconchegante. É obra do PAC 1, feito em seu governo. Além de minha casa, tem aqui outras trezentas e vinte cinco; devem morar, mais ou menos, umas mil pessoas. O condomínio não tem nenhum luxo, mas tem o que é necessário. Trata-se de uma habitação popular, que ao longo de seu segundo governo multiplicou-se significativamente. Minha mãe conseguiu a casa depois de ter ficado anos na fila de espera da COHAB. Quando ela conseguiu, lembro bem, ela ficou muito feliz, os olhos dela até brilhavam. Por muitos anos, minha mãe queria ter sua própria casinha. Mulher batalhadora, desde cedo, bem cedo, aos oito anos, trabalha pesado. Trabalhou na lavoura, foi bóia fria. Aos dezoito anos, saiu da zona rural e veio para a cidade grande, Curitiba. Aos vinte um anos ela conheceu meu pai e teve um dos piores momentos de sua vida. Ficou grávida, com um namoro de apenas cinco meses; meu progenitor não aceitou a gravidez, chegou a dar dinheiro para o aborto, mas minha mãe resistiu bravamente. Meu pai, à época, tinha 34 anos, com residência fixa, funcionário de uma grande estatal estadual. Minha mãe trabalhava como balconista de uma padaria. Eu nasci no natal de 1989, franzino, com 45 cm e dois quilos e meio. Nos primeiros meses de minha vida, minha mãe morou em um porão de uma casa abandonada, sempre temendo que alguém chegasse e a expulsasse. Depois de uns meses, minha vó aceitou minha mãe em sua casa, na cidade de Colombo, vizinha de Curitiba. No começo, ela era muito humilhada pela minha vó, meu vô e meus tios, sobretudo por ser mãe solteira. Durante boa parte de minha primeira infância, ela trabalhou em dois empregos para sustentar a casa, praticamente sozinha. Eu quase não via minha mãe, pois quando ela ia trabalhar eu ainda estava dormindo e quando ela chegava do trabalho eu já estava dormindo. Em 1996 parecia que a sorte ia sorrir para nós. Minha mãe fez sociedade em um restaurante. O suposto dono deixou o estabelecimento na mão dela, enquanto ele resolvia umas situações na Bahia. O estabelecimento era bem localizado, com uma boa clientela. Morávamos em uma casa alugada, de fundos, com dois cômodos. Minha mãe juntava dinheiro para conseguir dar entrada em uma casa ou um apartamento, qualquer coisa que pudesse estar no nome dela. Poucos meses depois, uma mulher chegou com toda a documentação e provou que era a verdadeira dona do restaurante e minha mãe ficou na rua, desempregada. Tivemos que morar por uns meses na casa de um tio meu. Ainda não tínhamos uma casa nossa. Era um tempo difícil, de crise, de desemprego alto. Começava-se, também, a exigir pessoas bem estudadas, a mão-de-obra estava se especializando. Minha mãe tinha apenas a sexta série e isso era suficiente para poucos empregos. A saída ela encontrou ao pegar suas economias do restaurante e comprar um ponto de camelô, para trabalhar no centro de Curitiba. Ainda hoje, passados vinte e dois anos, ela trabalha de camelô. Foi isso que nos sustentou durante todos estes anos. Depois que minha mãe conseguiu a banca de camelô, voltamos a morar na casa de minha vó. Foram tempos difíceis, mas bons. Ficamos por lá por quase dez anos. Até que em 2007 chegou uma carta informando que fomos selecionados para a aquisição de uma casa. O senhor dificilmente conseguirá imaginar a felicidade de minha mãe. A felicidade era nossa, na verdade, porque a casa que estávamos morando, ficava aos fundos do terreno de minha vó e era uma casa com madeira reaproveitada; naquela altura, com madeiras velhas, boa parte já estava apodrecendo. Tínhamos vergonha da casa, mas era o que tínhamos.

Nos mudamos em 20 de janeiro de 2008. Poucos meses depois, minha vó faleceu, de câncer. Minha vó foi pessoa importantíssima em minha vida. Era tanto que eu a chamava de mãe. Isso, na verdade, ocorreu porque, como eu já disse, eu quase não via minha mãe, por ela ter dois empregos e ser muito ausente. Ao longo dos anos, todas aquelas humilhações que eram feitas contra minha mãe foram desaparecendo e minha vó cuidou de mim como um filho - o filho que ela não teve, como ela mesma falava. Minha vó teve nove filhos, três morreram recém-nascidos. Um morreu em 1999, com vinte anos de idade, em um acidente de carro. Outro ela encontrou morto dentro de casa, em 2007; ele tinha trinta anos e teve um mal súbito. As duas mortes levaram-na a uma depressão profunda. Meus tios costumavam beber muito, usar drogas. Ambos morreram bêbados. Minha infância foi permeada de brigas domésticas, violência e uso de drogas. Minha vó e minha mãe tentavam me proteger, mas eu sempre estava exposto. Para piorar, um tio meu ficou esquizofrênico aos dezoito anos. Quando minha vó faleceu, ela sentiu que estava indo após perder a guerra, uma vez que não conseguiu ver seu filho louco curado e não conseguiu tirar seus filhos do vício antes de morrerem. Horas antes de sua morte, os médicos decidiram deixa-la em coma induzido, para que ela tivesse uma morte menos dolorosa. Ela ficaria dormindo até morrer. Entretanto, horas depois do coma, ela acordou e chamou pelo meu nome. Precisei sair às pressas para vê-la. Naquele momento, eu já não conseguia nem raciocinar. Durante os quase cinco meses com câncer, eu cuidei dela, acompanhei-a em todas as consultas, em vários momentos. Estava exausto. Eu sabia que eu partia para uma despedida. Era uma noite fria, com uma garoa fina, típica de Curitiba. Quando cheguei ao hospital, todos sabiam quem eu era, porque ficaram assombrados de ver uma pessoa acordar de um coma induzido e chamar por alguém. Eu subi até o quarto onde ela estava e chorei muito. Chorei como nunca chorei em minha vida. Pela primeira vez, disse que a amava. Nossa criação foi rude, não costumávamos ter palavras de carinho. Talvez aquele foi o único "eu te amo" que ela ouviu. Eu também disse que ela poderia partir tranquila, que eu iria me cuidar e fazer tudo que prometi. Minha promessa era ser professor. Dois anos antes daquele triste dia, eu precisava escolher um curso para o vestibular. Eu tinha pouco tempo para escolher, não sabia o que fazer. Foi quando minha vó disse "por que você não vai ser professor? Não pega no pesado, tem duas férias no ano". Eu ri, mas entendi o que ela quis dizer. Ela era analfabeta; poucos anos antes de morrer, tentou aprender a escrever e ler e eu devia ensiná-la, mas eu fracassei. Eu me despedi da minha vó sabendo que aquelas seriam minhas últimas palavras com ela. Quatro horas depois, ela puxou o fôlego pela última vez, mas não conseguiu devolve-lo: morreu.

Naquele mesmo ano de 2008, eu tentava meu terceiro vestibular. Em todos eles me inscrevi para o curso de história. Aquela seria minha última tentativa. Se eu não passasse, desistiria de fazer uma faculdade. Estudantes de periferia não foram preparados para estudar em Universidade e eu sofria os efeitos disso. Fiz um curso pré-vestibular comunitário, gratuito. Depois da terceira tentativa, finalmente veio a aprovação. Foram três: uma na UTFPR, outra na UFPR e uma bolsa integral pelo PROUNI na Universidade Tuiuti do Paraná. Nas Universidades públicas eu era cotista. Ambos os programas foram feitos em seus governos. Em 2009 comecei a faculdade de história na UFPR. Meu sonho se realizava e onze meses depois de ter o dia mais triste de minha vida, eu tinha o momento mais feliz: pisava pela primeira vez na Universidade Federal do Paraná como aluno devidamente matriculado. Fui o primeiro da minha família a conseguir chegar lá. Fiz a faculdade regularmente, me formei no tempo certo; não tirei nenhuma nota vermelha, não reprovei, sequer fiquei para recuperação. Fui um aluno exemplar. Quando somos pobres, sabemos que qualquer oportunidade pode ser única e a agarramos com todas as forças que temos. Foi o que fiz. Em 2013 fui aprovado no mestrado em História pela Universidade Federal do Paraná. Consegui uma bolsa pelo CNPq, órgão que foi expandido durante seu segundo governo; a bolsa teve reajuste no primeiro governo de Dilma. O mestrado transcorreu bem. Defendi minha dissertação em 2015, obtive o grau de mestre e naquele mesmo ano fui aprovado no curso de doutorado, também em história, também pela UFPR. Fiquei em segundo lugar geral. Ano passado, fui para Portugal, estudar e pesquisar por quatro meses em Lisboa, através do programa Doutorado Sanduíche, também ampliado e reformulado em seu governo. Foram os quatro meses mais felizes de minha vida. Pude ver o quanto este mundo é lindo e o quanto valeu a pena lutar por tudo isso. Atualmente, estou em meu último ano de doutorado e, se tudo der certo, ano que vem torno-me doutor em história moderna.

A minha pesquisa para o doutorado, aliás, é sobre um homem que foi condenado à morte sem prova alguma, apenas por convicções e certo rancor do juiz que o condenou. O homem morreu inocente e anos depois uma outra pessoa confessou todo o crime. Até parece uma destas ironias da vida.

Fui professor por sete anos no mesmo pré-vestibular que estudei anos antes e ajudei a aprovar muitos alunos de baixa renda, a maioria deles beneficiados pelas cotas, pelo FIES ou pelo PROUNI. Parei temporariamente de dar aula para terminar o doutorado, mas em breve retorno para a profissão que escolhi e que me faz feliz.

Tudo que hoje tenho é graças ao seu olhar de grande estatista e, acima de tudo, humano. Aqui fora ainda há muito ódio contra o senhor. O ódio vem daqueles que não conseguem explicar seus feitos; daqueles que nunca sentiram frio e fome; daqueles que se deixaram guiar pela irracionalidade e pelo medo. Quando o senhor voltar para cá, poderá ver todos os absurdos feitos e poderá ver que, em todo tempo, esteve ao lado certo da história.

Sei de sua história, de sua bravura, de sua força. Sei que a idade pode trazer alguns fraquejos. Mas, humildemente, lhe peço: que sejam apenas fraquejos da idade mesmo. Não se enfraqueça, não se deixe abater, nem se sinta derrotado; aqui fora tem muita gente te esperando. Lute, seja forte, por você, por nós. Não se preocupe, nem se intimide pelo ódio que eles têm contra o senhor. O amor que temos é muito maior e muito mais bonito e é isso que importa.

Obrigado por tudo, obrigado por confiar em quem pouco tinha. O que muita gente chama de esmola, eu chamo de dignidade. Em algum momento de sua trajetória, o senhor imaginou que um dia veria um filho de camelô tornar-se doutor? Pois verá.

Um de meus sonhos é lhe conhecer pessoalmente, um dia sei que conseguirei. E quando eu conseguir, com todo orgulho lhe direi "obrigado".

Seja forte, meu presidente.
Um forte e caloroso abraço,

Luís Fernando Costa

Fortaleza, 27 de abril de 2018

querido companheiro,

sou Maria Honório, tenho 81 anos, estou esperando as próximas eleições para votar em você. Deus vai lhe livrar das injustiças que estão fazendo com você.

muito obrigada por tudo que você fez pelo Brasil.

Mando uma lembrança, Nossa Senhora das Graças. Todos os dias diga Maria passai na frente e ela vai passar.

Um abraço, Maria Honório.
Fortaleza, 27 de abril 2018

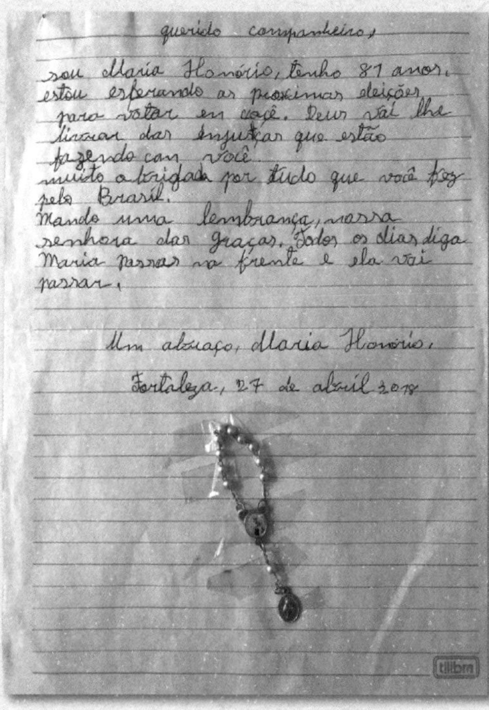
querido companheiro,

sou Maria Honório, tenho 81 anos, estou esperando as proximas eleições para votar em você. Deus vai lhe livrar das injustiças que estão fazendo com você

muito obrigada por tudo que você fez pelo Brasil.

Mando uma lembrança, nossa senhora das graças. Todos os dias diga Maria passas na frente e ela vai passar.

Um abraço, Maria Honório.

Fortaleza, 27 de abril 2018

Curitiba, 16 de maio de 2018

Querido Presidente Lula,
Nós do MST nos orgulhamos muito de ter compartilhado contigo sonhos, esperanças e lutas.

Também nos orgulhamos de tê-lo tido como presidente: um homem que é a síntese histórica do seu povo.

Por isso, a burguesia e seus aparelhos do Estado o combatem tanto, porque sabem que, na sua trajetória, atitudes e luta, estão as expectativas de um projeto de país para o povo brasileiro.

Escrevem essa carta, camponeses e camponesas, muitos dos quais aprenderam a ler e a escrever debaixo das escolas de lona preta dos acampamentos.

Expressam, por meio dessas palavras, homens e mulheres que levantaram a voz nas ocupações, nas ruas e em luta descobriram-se como sujeitos da nossa própria história.

Te abraçam, com essa mensagem, militantes da classe trabalhadora, conscientes e dispostos à luta de classes, que do amanhecer ao fim do dia, semearão sonhos e brindarão utopias, convictos que “a esperança vencerá o medo” e “jamais aprisionarão nossos sonhos”.

Permaneça de cabeça erguida com a sabedoria, coragem e determinação para atravessarmos juntos mais esse momento difícil.

E como nos ensinaria nosso comandante Fidel Castro “a luta e a solidariedade do MST não lhe faltará”.

Com carinho, força e até a vitória sempre!

Direção Estadual do MST Paraná
Curitiba, 16 de maio de 2018.

São Paulo, 25 de maio de 2018

Carta de apoio e solidariedade ao companheiro Lula
25-05-2018

No ano de 1969, quando você começou a sua militância como diretor do Sindicato dos Metalúrgicos, tudo era proibido. Era proibido participar, discordar, contestar. Vivíamos num dos momentos mais cruéis da nossa história, da ditadura militar implantada em 1964, com forte repressão política contra o movimento sindical.

Nós, ex-diretores do Sindicato dos Metalúrgicos de SBC e Diadema, tivemos o orgulho e o privilégio de conviver com o companheiro no período de 1972 a 1980. Tivemos a oportunidade na luta e no dia-a-dia de conhecer o seu caráter, a sua honestidade e o seu compromisso com a ética e com a moral.

Você não fez do Sindicato meio para ficar rico. Saiu do Sindicato cassado, preso e enquadrado na Lei de Segurança Nacional. No seu mandato como presidente do Sindicato, você teve o dom de devolver a dignidade à classe trabalhadora. Naquele tempo os trabalhadores não eram tratados como seres humanos pela classe patronal do ABC.

Você foi e será sempre a causa e a conseqüência de uma tomada de consciência dos metalúrgicos de São Bernardo do Campo e Diadema.

Estivemos juntos nas greves de 1978, 1979 e 1980. Estivemos juntos também nas articulações iniciais para a formação do PT e nas grandes dificuldades para sua consolidação. Percorremos os mesmos caminhos nas campanhas eleitorais em que você foi candidato. Sofremos junto com você as perseguições, mentiras e injustiças que foram cometidas contra você e sua família.

Em 1982, quando você foi candidato ao governo de São Paulo pelo PT, os locais de votação de SBC foram inundados com a fotografia de uma mansão no Morumbi afirmando que ela era de sua propriedade.

Eleito deputado federal constituinte mais votado do país em 1986, as perseguições se acirraram.

Na campanha presidencial de 1989, sua vida particular e familiar e de sua filha Lurian foram mais uma vez expostas de forma difamatória pelos jornais. A Rede Globo manipulou descaradamente o último debate na TV nas vésperas das eleições para favorecer o seu adversário.

Você disputou e acabou perdendo as eleições de 1989, 1994 e 1998. Mas, em 2002, os mais pobres entenderam que não adiantava reclamar do preço do leite e no dia da eleição votar no dono da vaca. Houve uma mudança significativa nessa lógica e você se tornou o primeiro presidente operário deste país chamado Brasil.

Muita coisa mudou de 2002 a 2010, durante os oito anos em que você foi presidente da República, principalmente nas questões sociais, com a redução da desigualdade e da pobreza.

Cerca de 40 milhões de pessoas foram incorporadas à chamada classe média. Foram retirados 16 milhões de brasileiros da pobreza extremada. A renda familiar dos brasileiros cresceu de forma constante. 19 milhões de empregos foram criados sem perda de direitos trabalhistas. O salário mínimo aumentou em 50% contra uma inflação de 23% ao ano. Vários programas de cunho social foram implantados: Luz para Todos, Programa Minha Casa Minha Vida, Bolsa Família, Prouni e a integração do Rio São Francisco. No final dos seus dois mandatos na presidência do Brasil, o reconhecimento do povo brasileiro: 85% aprovaram o seu governo.

A morte de sua companheira Marisa não pode ser esquecida por nós que te consideramos. Foi uma morte prematura, e antecipada pela intolerância, ódio e perseguição contra você e a sua família. Numa demonstração de respeito e consideração, mais de 50 mil pessoas passaram pelo velório da Marisa em SBC.

Você tem razão quando afirma que está sendo vítima da maior perseguição jurídica que um político já sofreu. Um procurador afirmou que não tinha provas contra você, mas tinha convicção de sua culpa, e num grande espetáculo midiático pediu sua condenação por corrupção e por lavagem de dinheiro no processo do triplex no Guarujá. Numa sentença, em primeiro grau, Sergio Moro te condenou a 9 anos e 6 meses de prisão. Na segunda instância o TRF-4, aumentou a pena para 12 anos e 1 mês de prisão em regime fechado.

É inadmissível o ódio e a intolerância, e, ainda mais, a intimidação de pessoas contrárias à caravana realizada por você nos estados do sul do país, com a total conivência de autoridades e policiais nas regiões percorridas. É inadmissível os tiros contra os ônibus num verdadeiro atentado contra você e as pessoas que faziam parte da caravana, inclusive os jornalistas[6].

Você companheiro, com sua inteligência e sua intuição, já percebeu que tudo está sendo orquestrado nos Estados Unidos. Não te garantem o direito constitucional da presunção da inocência. O que querem mesmo é te prender, para que você não seja novamente presidente da República pela terceira vez como indicam as pesquisas eleitorais.

Lula, nós acreditamos em sua inocência e você será sempre a nossa referência na luta contra qualquer tipo de injustiça.

Nelson Campanholo
João Justino de Oliveira
Devanir Ribeiro
Djalma Bom
Expedito Soares
Claudio Roberto Rosa
Gilberto de Souza Cunha
Gilson Luiz Correia de Menezes
Mariano Palma Villata

Palmópolis, 26 de maio de 2018

Como você disse amigo Lula: "sonhos não se prendem", no momento que escrevo esta carta estamos realizando uma Assembléia no Sindicato dos Trabalhadores e Trabalhadoras de Palmópolis. Estou a disposição dos companheiros e companheiras que quiserem escrever a você amado Presidente.

Espero que esteja sereno e espiritualmente revigorado. Sei que não é fácil o que passas, mas são muitas as orações do povo que te amas.

Acompanhei sua saga injusta, chorei, irritei, mas agora vejo que temos que tocar seu "projeto de vida", ou pelo menos lutar para que o mesmo aconteça. Seja forte amigo, o Espírito Santo seja sua força. Minha família te ama. Abraços, abraços, abraços...

Ana Paula Salveiro Lula da Silva

MG - Palmópolis, 26 de maio de 2018

Eu agradeço a Deus por muito que fez pela população de Palmópolis. Com o Bolsa Família matou a fome de muita gente e hoje está nessas condições, você não merece essa condenação. Sei que sua companheira faltou e você não pode nem chorar de tanta tribulação. Pela fé que tenho em Deus você vai sai dessa. Tenho 68 anos.

Silvia Rodrigues de Mello
Paulo Elias da Rocha [com impressão digital]

MG - Palmópolis, 26 de maio de 2018.

Lula, eu tô muito sentida com sua prisão, só que eu oro todos os dias por você para sair da prisão. Nós temos que agradecer primeiro a Deus, depois a você que tirou a miséria do Brasil. Você acabou com os ismolés da feira, pois eu vende banana da terra, requeijão, farinha aos sábados e o povo pedindo esmolas. Depois das aposentadorias no tempo certo, a Bolsa Família ninguém precisa dividir, cada um tem o seu. Eu voto em você com os dez dedos, quantas vezes precisar. Tenho 61 anos.

[assinatura ilegível]

MG - Palmópolis, 26 de maio 2018.

Prezado amigo Lula, sou agricultora familiar, moro na área rural e sou muito grata, pois fui beneficiada com o "Luz para Todos". Deus te dê muita paciência e saúde para você sair e ficar entre nós de novo. Aceite meu abraço.

Analice de Castro Lima

MG - Palmópolis, 26 de maio de 2018.

Estou escrevendo porque quero que você saia logo daí. Até as crianças gostam muito de você. Dejeso, digo, desejo tudo de bom, que Deus abençoe, pois você não merecia ir para cadeia, quem merecia estar solto. Meus netos todos querem que você saia daí, nenhum gostou. Jonas, Nilza, Malu, todos ficaram com muita raiva.

Aumentou o sofrimento do povo. Eu tenho 75 anos, conheci a miséria do povo, viviam na palha, agora, hum eu sei, com Lula tudo melhorou. As irmãs da igreja católica também ajudou muito.

Maria José da Conceição [com impressão digital]

MG - Palmópolis, 26 de maio de 2018.

Você foi sempre uma pessoa boa, foi uma pessoa que acabou com a fome, em seu mandato ninguém passou fome. A educação melhorou, a gente de idade teve prioridade e aprendeu fazer pelo menos o nome. Sempre mulher não tinha direito, em seu mandato teve. A desnutrição do Brasil melhorou mais, a mortalidade dos recém-nascidos e abortos diminuíram, até as mulheres morrerem nos partos diminuíram, pois quando aumentam os direitos, tudo melhora. Eu te peço, aguenta firme, não esmoreça, porque a vida da gente é uma escada, sobe e desce, mas você vai vencer.

Delcina Silva Gomes

São Paulo, 7 de junho de 2018

Caro Luís Inácio,

Vou chamar este escrito de CARTA I, embora eu não tenha a menor ideia se haverá uma CARTA II. Da mesma forma que não sei se você receberá esta. Bom, de qualquer modo resolvi te escrever. Sei que você deve receber centenas de cartas diariamente. Fico feliz por ti. É uma pequena demonstração de quanto você é querido por tanta gente.

Porque eu estou te escrevendo? Não sei ao certo. Geralmente eu sei o porquê das coisas que faço, mas não é o caso. Só sei que desde fevereiro quando estava em férias em São Luís e, como sempre, acompanhando as coisas que te acontece, me bateu uma vontade de te escrever. Daí um montão de gente me falava que dificilmente você ler as cartas que te enviam. O que é compreensível, pois recebe muitas. E depois que você foi pra Curitiba a coisa ficou mais complicada.

A questão é que a vontade de te escrever foi aumentando, e nem sabia direito o que escrever. Foi virando uma necessidade. Algo que eu preciso fazer pra depois dá continuidade nas outras coisas que são necessárias. É meio maluco. Mas ficou como "uma missão" não cumprida. Ou eu faço isso, ou minha vida não anda. É meio doido. Eu sei. Talvez Freud ou Jung explique. Ou talvez não precise ser explicado. Às vezes acho que a gente sofre de uma doença chamada Necessidade de Explicar Tudo. Talvez seja uma doença que só dá em nós professores. Ah, sou professora! No momento estou diretora numa EMEI. É tão complicado ter que lidar diariamente com questões que reverberam diretamente na vida das pessoas. E estou falando de um universo micro. Fico pensando em você tendo que administrar questões da vida de uma nação. Decididamente acredito que a pessoa tem que nascer pra isso.

Tive três fases distintas em relação a você. A primeira quando você fundou o PT e eu adolescente muito consciente do que era viver numa ditadura. Minha mãe vivia com medo que um dia sumissem comigo porque desde criança vivia questionando tudo e querendo saber o que realmente o que acontecia por trás das cortinas de fumaça. Fiz de Feliz Ano Velho do Marcelo Rubens Paiva[7] o meu livro de cabeceira. Fazia Magistério e trabalhava como babá. Meu patrão, Hélio Ottoni Braga um paulista petista fervoroso. Rsrsrrs... A esposa dele, Dona Neta vivia com medo da gente se meter em encrenca por causa de política. Foi ele que me apresentou o PT e falou de você pra mim. Até então o único "partido de esquerda" que eu conhecia era o PDT. Que aliás me foi apresentado por seu Pedro Lago, um dos fundadores do PDT do Maranhão. Ah, sou de São Luís. Me formei, vim pra São Paulo com a coragem e a cara em pleno Plano Collor. Fui pras ruas. Virei uma Cara Pintada. O que foi jogo rápido a identificação pra uma descendente direta dos índios Urubus. Sofri com cada eleição pra presidente que você perdeu.

Tinha uma admiração profunda por você. Acho que tinha até uma paixonite. Hhahahhahh... O que não seria de se espantar. Sempre tive fama de esquisita. Quando todas as meninas da minha geração eram loucas pelos Menudos e Cia, eu era apaixonadérrima pelo Mikhail Gorbatchev. Achava lindo aquele soviético careca com uma mancha na cabeça em forma de mapa. Acompanhei todo o processo da Constituinte de 88. Ficava besta com tua capacidade de argumentação, articulação e mediação. Pra dizer a verdade, considerava o teu cérebro um dos mais lindos do universo. Era fascinada pela tua história de luta, de vida de superação e principalmente de tua empatia pelo teu semelhante. Rolava uma identificação total. Saca? Daí quando você ganhou a eleição pra presidente, finalmente, eu fiquei muuuito feliz. Fim da primeira fase.

Segunda fase. Agora o PT era governo. Você era o Presidente do Brasil. Daí veio a formação da tua equipe. Vi gente que representava tudo que lutei contra a minha vida toda, fazendo parte desta equipe. Aos doze anos já era do Sindicato dos Trabalhadores Rurais de São Luís. Não foi escolha minha. Não tive opção. Aliás, tinha. A segunda opção era morrer pacificamente e até lá aceitar o que nos era imposto goela abaixo. E eu nunca fui ovelha de ir quietinha pro matadouro. Até vou. Mas faço um escândalo do cão. E fiquei com muita raiva de você. Me senti traída. E por mais que as pessoas me dissessem que era necessário você fazer isso pra ter o mínimo de governabilidade e de quanto você era pragmático e blá blá blá, não teve jeito. Ali morria um herói. Morria o cara que tanto defendi e admirei grande parte da minha vida. Talvez por minha visão maniqueísta da vida, que aos poucos tenho procurado ser mais flexível, as coisas tenham sido mais difíceis pra mim do que deveriam ser. Desde então continuei votando no PT em todas as eleições. Exceto pra presidente. Sempre votando em branco. A coisa ficou tão difícil pra mim que até ouvir tua voz me dava raiva. "Garrei" ódio mesmo. Fim da segunda fase.

Terceira e atual fase. Segundo mandato da Presidente Dilma e tudo o mais que você sabe melhor que ninguém. Daí já com coração um pouco depilado. Trabalhando na Diretoria Regional de Educação do Butantã no governo de Fernando Haddad - Divisão de Educação Especial. Começo te ver de uma forma diferente. Nem herói nem bandido. Vendo você agora como realmente é. Um homem com qualidades fantabulosas e com defeitos. Capaz de grandes gestos, mas também de cometer erros. Inclusive erros de julgamento consideráveis. Consciente que não faço parte da galera que te idolatra e muito menos da que te odeia. Nasce uma admiração e um gostar por um homem que na vida mais acertou que errou. Que tem uma capacidade incrível de superação e de sobrevivência. E de manter a sanidade nesta loucura monstra que se tornou a tua vida. Hoje torço, oro e me preocupo contigo. Peço sempre a Deus que te guarde e te proteja. Que não te deixe sucumbir. Que mantenha os teus sonhos e projetos vivos no teu coração. Que acredita que o melhor pra tua vida ainda está por vir. E quando vier, que você reconheça e viva intensamente cada minuto. Que você seja muitíssimo feliz, cercado de amigos verdadeiros e não permita jamais que o ódio e mágoa encontre lugar no teu coração. Porque daí teus adversários realmente terão te vencido.

Um abração com tudo de bom e maravilhoso pra você!
Vida longa e próspera!

Francineide Barbosa (Fran Kafka)

"Desejo que você tenha a quem amar. E quando estiver bem cansado, ainda tenha amor para recomeçar". Frejat

São Paulo, 7 de junho de 2018

Ao meu eterno Presidente.

(Escrevo de Vermelho porque adotei essa cor!)

Lula, fico extasiada de imaginar que este papel possa ir para suas mãos.

Não sei como me expressar, mas posso dizer que eu hoje enfermeira com carro, casa, 2 filhos na universidade pública e 1 numa escola particular, já fui miserável. Lembro com tristeza dos caixões brancos e pequenos dos anjinhos que faleciam pela fome.

Me tornei esquerda, quando aos 9 anos de idade, trabalhava de Doméstica, numa casa onde só o patrão tinha renda, e eles comiam de tudo.

Quando se é uma criança pobre, você só pensa em comida: sonha em saber o gosto do danone, come clara de ovo imaginando ser um pudim de coco e toma agua com pasta de dente imaginando ser suco.

Na casa da patroa todos comiam bem, lá em casa, todos trabalhavam e a gente dormia com fome. Não me acho exagerada em te comparar com Jesus, Mandela e outros.

Você Lula, me deu dignidade. E não só a mim, mas a muitas crianças que como eu admiravam a geladeira das patroas.

Volta logo meu presidente. To aqui com carro adesivado, subindo em palanques, falando com os jovens, indo para todos os locais de resistência.

Não desistiremos de você NUNCA.
Obrigada. Muito obrigada. Você nunca esteve sozinho.

Um forte abraço.

Adriane Cunha
Enfermeira de 43 anos formada só em 2009 com
3 filhos bem sucedidos graças a sua ajuda.

Salvador, início de junho de 2018

Presidente Lula,

Me chamo Fabiana, tenho 33 anos. Hoje, sou servidora de universidade pública. Ingressei na graduação, também em universidade pública e hoje faço mestrado em uma. Reconheço os méritos do seu governo na ampliação e investimento na educação superior. Foi uma verdadeira revolução! A universidade pública antes elitista e conservadora passou a integrar pessoas dos mais diferentes extratos sociais. Parabenizo também ao ex-ministro e ex-prefeito Fernando Haddad por este fato. Porém, devo observar, enquanto membro interessada, já que passei cerca de metade da minha vida no círculo acadêmico e vivendo cotidianamente o renascimento da proposta inclusiva e reestruturação das universidades, após um longo período de retrocessos e ameaça de privatização, estamos passando novamente por esse terror! Seu legado está em risco e o futuro de milhares de jovens negros, pobres está ameaçado!

Tenho orgulho de dizer que tirei meu título de eleitora aos 16 anos para votar no senhor. O significado de ter um presidente vindo do povo, da classe operária, com os nossos hábitos, cultura, representando nossas necessidades, me moveu nesta direção. Porém, percebi a aproximação do partido com os setores conservadores e elitistas que tanto combatíamos. Os valores segregadores e que impediram-nos, por anos, estavam vencendo.
Ao meu ver, o pacto em prol de uma sociedade mais justa

e inclusiva é contrário aos interesses elitistas. A tentativa de conciliar isto, claramente, deu errado, presidente. Com isso, na segunda eleição, o senhor não recebeu o meu voto. Nem o PT, a partir disso.

Como LGBT, também me senti desprezada, quando os setores mais retrógrados e fundamentalistas passaram a ter mais respostas do seu governo e do governo da presidenta Dilma, do que o meu, jovens progressistas semeados pela universidade que o senhor gestou.

Passei a ser oposição, de forma crítica e responsável, contra esta direção que o PT passou a ter. Não é por isso que não seja grata ou reconheça os feitos do senhor e de sua sucessora, a quem tenho grande admiração.

Como jovem, vinda da classe operária, LGBT, sei o que é injustiça. Percebo que o que está acontecendo com o senhor é a elite querendo colocar a classe operária de volta a marginalização. É a casa grande querendo colocar a senzala de volta ao seu lugar. É o conservador retaliando a minoria que conseguiu espaço. Então, a perseguição que o senhor está sofrendo é na verdade fundamentada no ódio ao que deu certo no seu governo e não a aquilo que deu errado (respectivamente, políticas de inclusão e políticas neoliberais e conservadoras).

Sei o que é injustiça e não faz sentido conciliar valores e desejos. Creio que o senhor tem esse perfil, mas é hora de ser combativo. É uma prisão política e das suas políticas inclusivas.

O senhor, mais do que ninguém, entende o que é a representatividade e a necessidade de símbolos para a resistência. É isso o que é a sua prisão e a morte da vereadora Marielle. Estão aprisionando e matando pessoas que tem grande simbolismo dos extratos populares.

Por isso, acredito na necessidade de reintegrar a esquerda, sob estes valores. Aparar as arestas e reduzir os ressentimentos. Num determinado momento, a direita do centro pareceu se comprometer com nossos valores, mas a verdade é que só é interessante para eles enquanto houver lucro. O lucro deles está relacionado a nossa marginalização financeira.

O senhor errou ao não repactuar, com uma reforma política, que pudesse colocar no congresso pessoas que de fato representam os interesses populares. Errou ao não dar solução aos casos de corrupção dos governos passados. Eles não foram punidos pelos crimes nos governos militares, e uma memória das atrocidades deles não foi construída. Seus valores se disseminaram, porque são donos das instituições que controlam o capital do país, ou ocupam cargos no congresso com poder para direcionar políticas. Errou também ao supor que esse era o máximo que poderia ser feito, dadas as circunstâncias em que seu governo foi implementado.

Entendo que existe um grupo progressista no centro que quer o desenvolvimento do país, com eles é preciso estabelecer parâmetros, para um projeto nacional e inclusivo. Já é perceptível para eles a insatisfação, que os interesses externos que encontram morada em alguns grupos nacionais gera com suas próprias expectativas.

Presidente, o senhor deixou um grande legado que está ameaçado. Não pelos "erros" que foram cometidos, mas porque o senhor não deixou um projeto nosso, da esquerda, para o futuro. O senhor passou a priorizar outros grupos, que não têm projeto nacional, apenas interesses pessoais. Precisamos deste projeto! É por isso que estou escrevendo ao senhor!

Esse caderno do Bradesco não foi boa escolha[8]!

Atenciosamente,

Força para se sustentar!

Fabiana

São Paulo, 29 de agosto de 2018

A um brasileiro. A um companheiro. Ao companheiro e marido da Marisa; ao companheiro e amigo daquele ali e desta aqui. A um homem simples. Ao homem que simplesmente permitiu que qualquer outro homem pudesse sentir orgulho por ser um "simples" brasileiro. Aquele que sonhou ser; àquele que foi; àquele que é, que sempre será. A você, "o cara" do mundo[9]; a você, nosso Lula brasileiro.

Ainda me lembro como se fosse ontem, querido Lula. O mesário indicava o espaço em branco à frente do meu nome: "assine aqui". Minhas mãos, que ainda seguravam a minha filha pequena, tremiam. Precisei me sentar. Precisei respirar fundo. Num instante, de olhos fechados, não sabia mais se as minhas mãos que tremiam ou se o mundo que tremia sob nós. E, letra por letra, por extenso, como um eletrocardiograma, meu nome foi sendo preenchido e eu poderia, após tenebrosas décadas, escolher o presidente do meu país. Era mil novecentos e oitenta e nove e o próximo nome que eu escreveria, com a mesma caligrafia torta, do coração à cédula, seria Luiz Inácio Lula da Silva.

Foi assim que, pela primeira vez, votei em você. A primeira de muitas. A primeira vez de todas as vezes que pude. Estive, sem nenhum arrependimento, ao seu lado nas alegrias e tristezas eleitorais, presidente. Estive e estarei. Carregando sempre comigo a admiração por aquele líder sindical de barba mal feita. Eternamente grata pelo líder de oposição que converteu os desmandos de outros governos em propostas coesas para trazer o nosso país ao rumo mais correto e apropriado à nossa realidade, às nossas raízes. Raízes que nunca haviam sido tão valorizadas por nenhum outro líder deste país. Quanto orgulho você me fez sentir, companheiro.

Orgulho do homem, antes do presidente, que desde o início de sua vida pública não permitiu que a esposa ficasse à coxia da cena política. Pelo contrário, você sempre fez questão de dividir os holofotes com ela. Sempre fez questão de destacar a sua importância na construção do Partido dos Trabalhadores; na construção de seu Governo; na construção de seu caráter. Como admiro a dona Marisa! É verdade, Lula, que o Fidel era apaixonado pela rabada que ela fazia? Sorrio ao imaginá-los ao redor da mesa conversando e saboreando o prato preparado por ela.

... Talvez com uma cachacinha para abrir o apetite, não é mesmo? Nosso presidente é da cachaça, não do uísque! :-)

Desculpe a intimidade, meu presidente. Pensar que a vez que estivemos mais próximos foi em meados dos anos oitenta, durante um comício pelas Diretas Já! na Praça da Sé. Eu estava parada ao lado do palanque quando você e a Erundina passaram ao meu lado. E foi isso. E isso pareceu dar todo o sentido para meus anseios de cidadã, meus anseios para um futuro melhor para o Brasil. Como se eu, a ovelha negra da família com posses que admirava o metalúrgico que queria melhor distribuição de renda, fosse abraçada por toda a sua paixão política e luta por uma sociedade mais justa e melhor. De repente, tudo ao meu redor voltava a fazer sentido.

Mais uma vez, desculpe a intimidade. Mas é difícil não me sentir próxima de você, Lula. É difícil não se sentir ligada a alguém que nos comove tanto nas conquistas quanto nas injustiças que sofreu e vem sofrendo. Como não se sentir da família daquele que dividiu o dia de milhões de brasileiros em café da manhã, almoço e jantar e que hoje passa por um processo tão cruel e, mesmo assim, encontra maneiras de nos consolar e manter firmes... ou, pelo menos, próximos disso.

"Eles não vão prender meus pensamentos, não vão prender meus sonhos. Se não me deixarem andar, vou andar pelas pernas de vocês. Se não me deixarem falar, falarei pela boca de vocês. Se meu coração deixar de bater, ele baterá no coração de vocês".

Enxugo as lágrimas e me comprometo com as suas palavras, companheiro querido. Sei que estamos, mais uma vez, do lado certo da história cantando "apesar de 'vocês'", golpistas, "amanhã há de ser outro dia". Ao lado daqueles que têm coração; daqueles que sentem compaixão. Daqueles que, refletindo o seu entusiasmo e exemplo, lutam por um mundo melhor.

Por linhas tortas, estamos vencendo, presidente Lula! Você é, foi e sempre será um guia para todos aqueles que dependem da esperança para manter a força para lutar todos os dias.

Muito obrigada pela força que você transmite a todos nós e por tornar o nosso mundo um lugar melhor.

Nos vemos logo mais, nas urnas. Estes são os meus votos... você sempre será o meu voto.

Beijo enorme e muita força,

Maria Christina, Chris

PS: Tenho certeza que logo você estará em liberdade novamente. Quando estiver em São Paulo e quiser tomar um café ou uma cervejinha :-), entre contato: 11 5210-8612

Beijo

Porto Alegre, 8 de outubro de 2018

Caro companheiro Lula,

escrevo a ti com medo e com angústia. Não há como deixar de ter medo diante da probabilidade da barbárie. Não há como deixar de ter medo quando o revanchismo tem tantas chances de chegar ao poder de modo tão contundente. Temo como cidadão em virtude do retrocesso social logo após tanto avanço. Temo como indivíduo, como futuro professor de Filosofia, que deverá escolher entre o exercício consciente da sua profissão e a mordaça que está por vir. Temo como pai em virtude do futuro tenebroso no qual meu filho crescerá. O legado de Vargas, da soberania nacional; o legado dos que lutaram contra a ditadura, da liberdade e da dignidade humana; o teu legado, de superação da desigualdade histórica desse país; todos ameaçados de uma só vez. Não esqueço meu entusiasmo quando Dilma anunciou "Pátria Educadora" como lema do governo do seu segundo mandato. Tão simbólico e tão poderoso. E, desde então, sinto que minha cidadania tem sido ultrajada repetidamente. Temo, ainda, que futuramente "cidadania" será uma palavra sem conteúdo.

Escrevo também para dizer que tenho esperança. O senhor me dá esperança. Na verdade, é o único símbolo ao qual posso me agarrar atualmente (e, percebo, tantos dos meus amigos). Confesso que duvidei da estratégia anunciada. O que pode fazer um reles cidadão que tem apenas a mídia como janela para o mundo político? Agora, retorno como um filho pródigo nesse que parece ser o último ato antes das trevas. Porque, diante da configuração do congresso, uma derrota eleitoral será algo que dificilmente um movimento da sociedade civil neutralizará nas batalhas políticas que estão por vir. Por isso, espero que sua ciência, experiência e intuição políticas estejam corretas.

Farei o possível na mobilização por Haddad: telefonarei para familiares, conversarei com amigos, participarei das panfletagens, exibirei a bandeira do partido. Posteriormente, me filiarei ao Partido dos Trabalhadores. Antes, pensava que poderia haver uma via alternativa para a defesa das conquistas progressistas deste país. Flertei com o PSOL e com o projeto de consenso de Ciro. Agora, parece-me cristalino que o progresso passa necessariamente pelo PT. Quer Haddad vença, quer ele perca, não haverá futuro sem mobilização partidária e sem militância política.

De modo respeitoso,

Rafael Santos

Salvador, 24 de outubro de 2018

Querido presidente Lula

Não imaginas o quanto te amamos, o quanto somos gratos por tudo o que você fez pelo Brasil e pelos nossos filhos. Vivíamos como um povo subdesenvolvido, "escravizados" pelo capital internacional e pelo "entreguismo" de nossos governantes elitistas, que mandavam todas as nossas divisas para sustentar a boa vida dos países exploradores. O que sobrava aqui destinava-se às oligarquias, as poucas famílias muitíssimo ricas que hoje manipulam o povo para manter e aumentar seus privilégios, que incluem a exploração desumana dos mais humildes. Em seu governo, compreendemos que somos um país rico (em bens materiais, em criatividade e em coragem) e que não precisamos viver miseravelmente. Esta certeza ninguém nos tirará.

Também não imaginas o quanto estamos sofrendo frente a todas as injustiças que recaem sobre os seus ombros. Se pudéssemos, estaríamos aí contigo, em solidariedade. Como não podemos, costuramos esse edredom com nossas mensagens de afeto. Ele foi a forma que encontramos de te acompanhar aí no cárcere, na tentativa de confortar o seu coração e de nos sentirmos junto de ti. Cada retalho leva a mensagem de um brasileiro (e de dois estrangeiros também) como uma forma de expressar o nosso carinho. Somos, em maioria, professores do Instituto de Letras da UFBA, mas há mensagens também dos funcionários técnicos administrativos, professores da UFMG, da UFSC e da UNB. Há, ainda, mensagens de nossos filhos, netos, irmãos e funcionárias domésticas, bem como de funcionários da loja onde compramos parte do material com que fizemos o edredom.

Se as noites ficarem difíceis, abrace o edredom e apure a escuta, pois nos ouvirá cantando lindas canções em seus ouvidos. Se se sentir sozinho, olhe para cada retalho, pois estaremos em sua companhia, pensando nas coisas lindas que construiremos em breve, assim que a tempestade passar. Se sentir saudade, aqueça o seu coração com essa coberta, pois o nosso coração é seu também. E jamais se esqueça de que estamos aqui sonhando contigo, elaborando, em nossas mentes, um país lindo capitaneado pelo nosso grande líder, você, de barba ou sem barba. Pense na alegria que será quando pudermos nos encontrar nas ruas novamente. Nesse dia, gritaremos seu nome com tanta força que poderá nos ouvir dos quatro cantos da Terra.

Não esmoreça jamais! Nós, por aqui, estamos firmes contigo: há os que fazem orações para você, há os que militam incessantemente pelas ruas e salas de aulas, há os que escrevem poesias para ti. E as crianças garantem vida longa a você e aos seus ideais, para além da eternidade: há os que tentam desenhar seu rosto (veja o desenho do menino Felipe, de 11 anos, em um dos retalhos), há os que fazem corações e os que se orgulham de ter o mesmo nome que você, Inácio.

Alegre-se, nosso presidente! Porque seu legado jamais será destruído.

Não há ninguém no mundo que possa destruir o que você construiu com alicerces sólidos, calcados no amor, na verdade e na justiça.

Amamos você! Estamos com você! Lutamos com você!

Receba nossos abraços cheios de carinho!

PS. Desconsidere os defeitinhos da costura, pois nesta equipe não há nenhuma costureira de verdade!

Beijos

Salvador, 24 de outubro de 2018.

Simone Bueno, em nome de todos os
que escrevemos nos retalhos.

Aracaju, 8 de novembro de 2018

Querido Lula,

Como podes ver o meu papel de carta acabou e ainda não encontrei mais para comprar. Preciso ir ao centro da cidade para procurar.

Desde a última carta que lhe escrevi, tanta coisa aconteceu. As últimas que lhe escrevi enviei ontem pelo correio para a casa de uma sobrinha aí em São Paulo para que ela, pessoalmente, leve ao Instituto, visto que fiquei receosa de mandar dada a grande ira dos eleitores de Bolsonaro. Fiquei pensando que o carteiro poderia ser um deles e poderia destruir as cartas. "São Braz, antes que a cobra morda", aprendi com a minha mãe. Também enviei um telegrama pra você, este endereçado à Superintendência Regional em Curitiba. Desejo e espero que tenham lhe entregue. Nele lhe felicito pelo seu aniversário e lhe dou conta do meu em 05 de novembro.

Para comemorar e acalentar o coração fui a São Miguel dos Milagres em Alagoas. Cinco horas de carro. Fui com minhas duas filhas. E apesar de toda a beleza do mar e da calma do lugar e de nós não falarmos de política, em nossos corações habitava a revolta, a tristeza, a decepção, o medo, a raiva, e a preocupação com você.

Eu tinha ido votar em Recife e estava muito cansada. Tinha esperança que faríamos a virada. Ainda não chorei e isto tem me causado dores do pescoço. Para ser forte como mãe e acalentar as minhas duas filhas, que já tem 28 e 30 anos, eu ainda me faço de mais forte. E já não tenho mais poucos anos pra suportar tantas coisas.

E outra coisa, que não é boa. Desenvolvemos um sentimento de raiva pelas pessoas que conhecemos e que votaram em Bolsonaro e travamos embates e tentamos conversar, e de nada adiantou no computo geral, embora ainda tenhamos conseguido reverter alguns votos ou convencer a, pelo menos, não votar nele.

Amigos, irmãos, sobrinhos, conhecidos, desconhecidos, ainda assim nada adiantou.

Creio que Haddad e Manu devem ter chorado. Eu não. E isso não está sendo bom pra mim. Eu sempre fui de chorar. Será por orgulho? Nem sou disso. Será porque se chorar posso me fragilizar mais? Sempre fiquei mais forte. Enfim, não sei. Uma hora dessas sei que vou chorar, pois agora eu só lamento que as pessoas que votaram nulo e branco tenham feito isto com nosso país. Tenho mais mágoas destes dos que votaram no capiroto, porque estes poderiam ter salvado este país. É isto: "eureca". Percebes por que não choro? Porque estou um pote "até aqui" de mágoa.

Perdi amigos de mais de 40 anos de amizade. Mas não se preocupe, se revelaram fascistas e com fascistas eu não me importo de conviver. Ademais quando analiso vejo que traços de egoísmo já eram visíveis sempre, só que este momento histórico, fez com que a coisa se tornasse demasiado explícita, sem vergonha, sem constrangimento. Não lamento os amigos perdidos. Lamento que o país esteja nas mãos de quem está por falta de solidariedade. O egoísmo venceu. O mal venceu o bem.

Me desculpe de mais uma vez lhe escrever falando de coisas tristes. Mas tem sido tristes as coisas no Brasil.

Ha! Lembrei de uma coisa quase engraçada. Numa das últimas cartas que lhe escrevi eu pedia para lhe fazer uma visita no meu aniversário. Imagina! Sempre fui dada a sonhar.

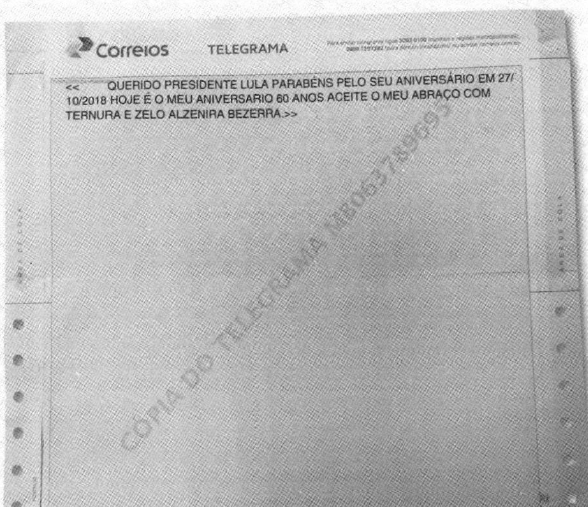
Correios TELEGRAMA

<< QUERIDO PRESIDENTE LULA PARABÉNS PELO SEU ANIVERSÁRIO EM 27/10/2018 HOJE É O MEU ANIVERSARIO 60 ANOS ACEITE O MEU ABRAÇO COM TERNURA E ZELO ALZENIRA BEZERRA.>>

CÓPIA DO TELEGRAMA MB063789693

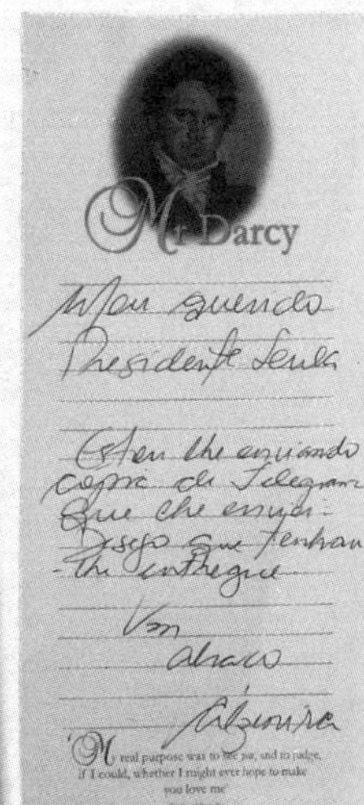
Mr Darcy

Meu querido Presidente Lula

Estou lhe enviando cópia do Telegrama que lhe enviei. Desejo que tenham-lhe entregue.

Um abraço Alzenira

Só espero um dia poder tirar com você a foto que não consegui tirar aqui em Aracaju.

Na praia em São Miguel dos Milagres escrevi na areia - LULA LIVRE! e pedi a São Miguel e Deus que vissem. Espero em breve ver-te livre junto aos teus. Isto também será libertação para nós. Como também temos sofrido! Somos uma legião. Nos apoiamos uns nos outros, mas esta derrota nos nocauteou. Mas, como disse a menina: "Ninguém solta a mão de ninguém".

Nós estamos com você, Presidente. Sempre estaremos. Para sempre estaremos.

Que Deus lhe dê forças para atravessar esta tempestade.. Estamos ao seu lado. Te amamos muito.

Grande abraço,

Alzenira Bezerra Lula da Silva

Belo Horizonte, 13 de novembro de 2018

Belo Horesonte

Oi Lula

Bom dia, boa tade e boa noite, aqui é uma fã sua, voto em você des da primeira vez que você candidatou.

Eu não posso imaginar o quanto você está sofrendo, é por isso que eu resolvi te escrever.

Lula: Eu so seme analfabeta, não tivi oportunidade de estudar; Espero que você não repare as trocas das letras e pontuação.

Eu tenho 69 anos. posso ser a sua irma mais nova. E sendo assim me vejo no direito de te dar um conselho:
É com o corasão partido que eu vo pedir para você: vai embora desse paiz Lula, quando você sair dai, um dia você sai, desiste da politica pega sua familia seus filhos e netos e vai.

Esse povo brasileiro não merece você, são uns maus agradecidos. Esta política brasileira e muito suja para você ficar nela. Vai ser feliz logo daqui chega de tanta umilhação, não quero ver voce passar por isso de novo, me desculpe por favor.

Eu devo muito a você Lula, nossa ~~Senhroa~~ Senhora e Jesus Cristo e que vai pagar voce por tudo o que você fez para os meus filhos.

Obregada

Fica com Deus

um abraço carinhoso de quem te ama e respeita muito

Dalvina Helena Barreiras

Ainda em tempo:

Se você não se mudar do Brasil, luti para fazer do nordeste um pais. Vai ser presidente la.

Eu tenho serteza que assim como eu ~~vamos mudar para~~ muitos brasileiros vão se mudar para o novo pais nordeste

Dalvina

Queria saber escrever bonito para você Lula, mais eu fis o meu melhor

São Paulo, 16 de novembro de 2018

Bom dia, presidente Lula! São 3h30 da manhã desta sexta-feira de um feriado prolongado. E não dormi. Meus pensamentos estão no senhor e na cena truculenta e inacreditável que se desenrola aqui fora, onde também me sinto presa, cercada. Está doendo muito acompanhar o calvário a que te condenam, as injúrias a que te expõem, assistir o Brasil que sonhamos livre, se curvando, enquanto a maior parte da população parece entorpecida... Vejo que o mundo está assim: parece que das profundezas libertaram-se demônios. Mas sabemos que eles sempre estiveram por aqui e que tramaram há muito para nos submeter e nos espoliar. Meus pensamentos, e o de milhões de outros, estão neles e no senhor: como se sente nesta madrugada nesta cela solitária, como se sente? Sabemos da sua fortaleza, da sua grandeza, mas estamos com o coração pesado, a injustiça, a maldade, a ignorância, o preconceito de classe a que o submetem, e ao povo brasileiro, está nos doendo, muito. Já não conseguimos dormir, exceto quando estamos exaustos, sôfregos das noites em claro, dos dias, um após outro, de espanto diante de uma realidade que mais se parece com um romance de Huxley, Orwell...

Mas não seremos derrotados, embora algumas batalhas tenham sido perdidas. Muitos de nós, como eu, que se afastaram da militância por considerarem que o rumo estava dado e que agora seria andar pra frente, driblando percalços, mas caminhando, se deram conta do erro da omissão. Estamos de volta. Temos muito trabalho pela frente. Multidões precisam do nosso apoio pra saírem deste insuportável torpor, e grande parte, é perceptível, está aberta, receptiva, pronta... Pelos contatos diretos com algumas comunidades, especialmente durante os dias duros da campanha eleitoral, percebemos que o povo mais humilde e sofrido está quase gritando: "Olhem pra nós!". Porque foi abandonado à própria sorte, sem os mínimos recursos, por nós inclusive. Já boa parte dos moradores das periferias, dos bairros agora urbanizados dos confins da zona Sul, da Leste, adquiriu mentalidade de classe média e vai ter de passar por apuros para se dar conta de que continua sendo pobre, parda, preta, do andar de baixo. Infelizmente, não lhes faltarão apuros... e estaremos por perto para ajudá-los a reconquistar a razão.

Mas nossos pensamentos são da tarefa de voltar às bases, o que nos demandará muito preparo e energia, ao senhor, aí nessa cela fria. E nossos corações doem, nossos corpos não descansam, nossos cérebros não adormecem.

A campanha Lula Livre está sendo retomada, após a pausa para a campanha eleitoral que perdemos, mas lutando, e da qual saímos arrebentados sim, mas, já curados, mais fortes e calejados.

Agora é irmos para as periferias, nos mobilizarmos por sua libertação... Enquanto ela não vier, por favor, presidente Lula, continue ereto, por sua dignidade e pela nossa. Fico pensando, nessas madrugadas, insones, em quantas pessoas que oram, não estariam nesse mesmo instante em que tenho meus pensamentos no senhor, aí sozinho, privado de nosso afeto, quantos não estariam orando pelo senhor e pelo Brasil. Não sei orar, não tenho religião nem fé no abstrato, e fico imaginando se, mesmo esta minha solidariedade sem fé no absoluto não chegaria de algum modo no seu coração, como um pontinho de calor para, com muitos outros, emanados de outros corações e mentes, ao redor do país, ajudar a aquecê-lo. Desejo intensamente que, de algum modo, os brasileiros que o admiram, como eu, estejam em conjunto emanando seu amor e que ele te sirva como bálsamo nestes dias cruéis. Por favor, tente sentir uma onda de amor navegando pelos ares do Brasil, partindo de todos os rincões até chegar, gigante, a esse prédio sisudo de Curitiba em que o encerraram de forma arbitrária e covarde. Tente perceber a onda de amor envolvendo o prédio todo, agora como nuvem, e se infiltrando por paredes e frestas rumo a essa cela inóspita, e ocupando cada milímetro desse espaço mesquinho até torná-lo grande e merecedor de abrigá-lo. E aquecê-lo, confortá-lo, libertá-lo enquanto não o tiramos de fato desse lugar que, quem sabe, terminará encerrando seu algoz...

Todo meu carinho, admiração, gratidão, respeito,

Rosa

PS: desculpe-me pela letra ruim e por não ter "passado a limpo": o original é sempre o melhor texto. Espero que estas linhas o encontrem bem tanto quanto possível nessa situação absurda.

Divinópolis, 21 de novembro de 2018

Querido presidente Lula,

Venho tentando me colocar, empaticamente, sob a dor imensa da injustiça. Não consigo. Não consigo e creio que isso se deve ao fato de só nos serem designadas - por qual seja a força maior que nos rege - dores que sejamos fortes o suficiente para enfrentarmos. Digo isso porque reconheço sua grandeza: o tamanho de sua luta e de sua história. E sei também, que eu muito pouco sou frente a tudo isso. Mas escrevo-lhe com o tamanho que certamente deve ter a vontade de um jovem que se permite sonhar. E me permito querer, eventualmente, desenhar algo minimamente semelhante ao que você conseguiu desenhar.

A época que lhe escrevo - próxima ao Natal - é especialmente fortuita para quem sonha. E sei que você, apesar das enormes adversidades, é alguém que, inevitavelmente, quer mais, e - aí que reside a sua grandeza - quer mais não só para si, mas para o Brasil. Queria poder lhe oferecer algo mais otimista, mas tenho medo. Tenho medo por saber que são tempos difíceis para sonhadores, porém vem-me a certeza acalmante de que sempre, quando tentam nos calar, nos oprimir, restringir nossa liberdade, nos tornamos mais fortes, mais pessoas se unem a nós e mais voz ganha o nosso grito. Sei que é assim, pois é isso que nos mostra a história. Tempos difíceis nos aguardam, mas dificuldades maiores o senhor já enfrentou e me propus te seguir nessa luta e, por isso, confio!!

Tenho saudade - esse sentimento único dos falantes da nossa língua. Tenho saudade do orgulho enorme de viver num país internacionalmente respeitado por cuidar de seu povo. Por saber dar a real e necessária importância à educação. Por lutar para findar a fome e a miséria. Por acreditar num país onde todos ganhem, todos cresçam, JUNTOS. Por fazer os mais pobres caberem no orçamento público. Por prezar uma política de conciliação. Por pregar, sobretudo, o AMOR, o RESPEITO. Tenho saudade desse Brasil. O Brasil que conversa com a sua alma, machucada, subdesenvolvida, mas linda, diversa e, mais do que nunca, capaz de superar todo e qualquer empecilho em busca de um desenvolvimento comum. Tenho saudade do meu Brasil. Tenho saudade de você.

Quero lhe falar também que agora, aos 18 anos, escolhi tentar seguir carreira política, trazendo o tamanho de

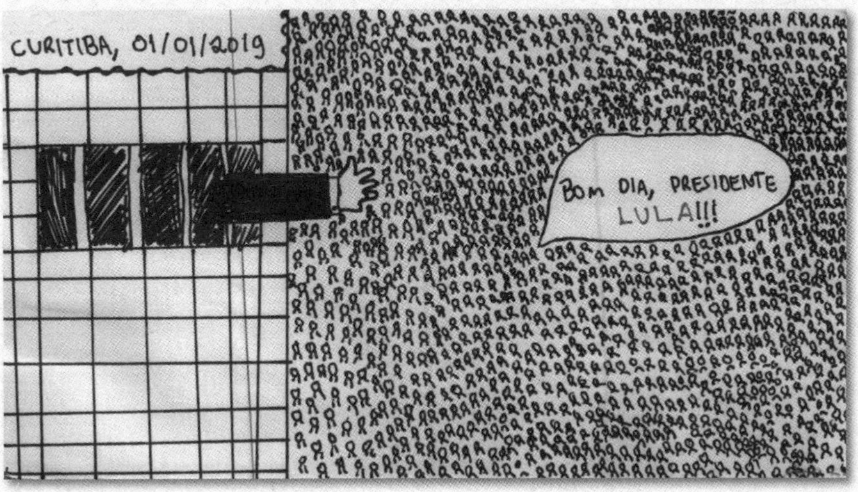

sua inspiração para tudo que eu fizer. Quero e acredito ser possível. Quero e vou lutar para que recuperemos esse país que morei e vivi. Espero lhe encontrar nessa luta. Confio que a história será justa com os nomes de Luiz Inácio Lula da Silva e Dilma Rousseff. Ninguém solta a mão de ninguém. Feliz Natal e Ano Novo.

Com carinho e enorme admiração,

Rafael Melo.

Belo Horizonte, 26 de novembro de 2018

Presidente Lula,

Foi em 27 de outubro de 2002 que conheci o seu poder. Aquele mar vermelho de gente comemorando a sua vitória me incomodou profundamente. Coitada de mim! Não tinha a menor ideia dos meus (poucos) privilégios, não sabia o que era empatia nem consciência de classe (embora minha família seja humilde e trabalhadora).

Mas tive olhos pra ver a eletricidade e o desenvolvimento chegarem onde nem se imaginava, vi crianças indo pra escola, pobres e negros entrando na faculdade e transformando a vida de suas humildes famílias, vi o meu país saindo do mapa da fome e vi aquele presidente (que não me representava) ser reconhecido como uma referência pelo mundo afora.

Estudei, evoluí, me formei professora de matemática atuante em escola pública em região de vulnerabilidade social, conheci uma realidade que nem imaginava existir, e não reconheço mais aquela moça de 16 anos atrás. Ainda bem!

Hoje queria eu estar comemorando naquele mar vermelho de gente, com a mesma energia que tive para gritar ELE NÃO, ELE NUNCA pelas ruas da minha cidade.

Infelizmente esse ano não tive nada pra comemorar após essas eleições, a não ser o meu amadurecimento político, minha necessidade de me posicionar.

Enquanto a roda da política gira e passamos por esse ciclo, fique firme, Presidente Lula! Permaneçamos unidos! Seu povo brasileiro te dando força para os dias difíceis que você terá aí dentro (que sejam breves), e você nos dando esperança para a tempestade que está armando aqui fora.

Paz, saúde, resignação. É o que te desejo em 2019 e sempre!

Com carinho, da sua admiradora,

Raquel
novembro/2018

[Sem localização], mensagem de Natal e Ano-Novo

Querido Lula ♡

Meu nome é Alice, tenho 12 anos.

Recentemente me declarei feminista e militante do PT (com muito orgulho ♡)

Sou estudante do 7º ano, por enquanto, pois logo irei para o 8º.

Te admiro muito. Tu é foda, mas assim, muito. Talvez tu nem tenha ideia.

Tenho muito orgulho de todas as tuas obras, coisas que tu fez pra melhorar esse país.

Creio que se Deus quiser, tu sairá beem breve daí.

Amamos você.

Fico chocada com tudo que está acontecendo, mas tudo vai se resolver. Por um Brasil feliz de novo.

Já me perguntaram se eu não me arrependeria de ser militante e tals, mas eu sei que não. Eu sei que luto, e continuarei lutando por um país melhor.

Só pra tu conhecer mais sobre mim, creio que um dia me formarei em Medicina.

Nós lembramos de você ♡

#LULALIVRE

#RESISTÊNCIA

(ninguém solta a mão de ninguém)

Com muito amor,

Alice ♡

Amamos você ♡

Feliz Natal e Ano Novo!♡

Curitiba, 2 de janeiro de 2019

Meu querido Presidente Lula.

Sou Inês, pernambucana igual a você. Vou chamá-lo com essa intimidade porque tenho 64 anos, então podemos ser irmãos por afinidade. Numa das suas idas ao Recife, sou de lá, arranhei sua mão tentando tocá-lo, peço desculpa. Também por essa letra, que é ruim mesmo e piorou com essa tremedeira da emoção de estarmos conversando. Cheguei aqui dia 23 para passar o natal e a virada com você, foi lindo e muito emocionante. Ontem dançamos ciranda, soltamos balões vermelhos, o meu ficou preso (igual a você) numa árvore, fiquei triste por não ~~ve lo~~ ~~vo~~ (perdão) ve-lo voar junto com os outros, mas depois, pensei, ele queria ficar junto com você, do jeito que eu queria, mas preciso voltar pra casa. Tenho um neto, José 11 anos, ele fez um cartão pra você, espero que tenha recebido, desenhou uma cadeira de Presidente.

Meu querido Lula, reso uma ave-Maria todas as noite a Nossa Senhora da Conceição para que ela lhe proteja, lhe dê serenidade e luz. Peço também pelos seus carceireiros.

Como lhe disse volto pra casa hoje às 8 horas da noite. Sei que você vai receber seus advogados, vou tentar mandar uma camiseta pra você autografar, é a minha preferida. Mais uma vez peço desculpas pela letra.

Peço a Nossa Senhora que lhe tire daqui, não gostei dessa cidade, nunca tive vontade de vir, a única coisa que me trouxe foi você. Precisava da sua companhia nessa confraternização universal.

Que este ano nos traga a alegria da sua LIBERDADE.

Um grande abraço

Inês Teixeira

Natal, 8 de janeiro de 2019

A ausência de mãe à mesa e o cárcere político de Lula.

Amado e eterno presidente Lula, como você, um filho da pobreza, assim também sou eu, nordestino (de Santa Luzia de Touros-RN) sofrido e criado como pai costumava dizer "como Deus criou batata". Para quem como nós viveu essa realidade pode traduzir a frase como criado de qualquer jeito.

Sou de uma família humilde, tive 18 irmãos (10 homens, 9 mulheres) dos quais apenas eu e mais 7 sobrevivemos as dificuldades que a vida nos empurrou; falta de médico, desnutrição, falta de quase tudo. Os outros 11 morreram entre 8 meses e dois anos de idade, em quase todas as situações desnutrição infantil, essa que nas administrações petistas a ONU divulgou como erradicada. Pois bem, como você, fui retirante, no meu caso para a capital potiguar, Natal, distante 96 km da minha cidade.

O ano era 1997, exatos 18 de março daquele, uma terça-feira, eu que nunca tinha saído do humilde seio de meu lar, uma singela casa de taipa onde ali mesmo eu havia nascido, sim dos 19 filhos de mãe 16 assim como eu nasceram em casa com a ajuda de parteiras. Aquela terça-feira 07:15 da manhã eu deixava minha pequena e pacata Santa Luzia de Touros-RN para vir morar no centro de Natal. Especificamente na Praça Coronel Lins Caldas Nº 678 - Cidade Alta, CERN - Casa do Estudante do

Rio Grande do Norte (hoje mais que antes em ruínas). O endereço não fugia a minha condição social de outrora, uma instituição filantrópica a qual só agradeço a Deus por existir ainda que aos trampos e ter me acolhido em meio a tantas dificuldades.

Era necessário ter forças pra não se deixar abater pelas dificuldades, lembro ainda as palavras de pai ao deixar o sítio "meu filho se quiser ir vá, mais sabes que não posso te ajudar" e como eu sabia o que ele afirmara. Enquanto mãe se desmanxava em lágrimas apenas dizia "vá com Deus meu filho". Pai sacou R$ 10,00 era tudo o que ele podia me dar e com essa quantia, muitos sonhos e saudades eu os deixava. Se até aquele momento minha vida tinha sido sofrida, lá em casa a gente estava habituados a tomar café c/ bejú, batata doce, cuscuz, macaxeira ou quando a coisa piorava muito mãe apelava pra uma comida que a gente chamava de "bufete" (um cuscuz feito de farinha de mandioca regado ao leite de coco). Confesso que era muito ruim talvez por isso o chamávamos de bufete. No almoço feijão macaçá também conhecido como feijão seco e rapadura; na janta repetíamos o café da manhã já que lá não tínhamos hábito de comer feijão a noite, proteínas (carne, ave ou peixe) era só aos domingos. Na CERN onde moravam aproximadamente 350 alunos todos oriundo do interior e quase todos de condição social semelhante a mim.

Lá (na CERN) a fome estava bem presente. 2 pães com 1 ovo cozido no café da manhã era certo, 6:45 tocava o alarme a gente saía correndo um copo na mão pra fila do café, assim como era certo também que até o dia 20 do mês o almoço era praticamente certo (feijão, arroz ou macarrão carne ou frango, geralmente cozidos), na janta cuscuz ou sopa. Passado o dia 20 começava a faltar comida daí a gente começava a ter só o café da manhã (2 pães 1 ovo e café com leite). Eu estudava na Escola Estadual Winston Churchill no centro de Natal, nesses dias não tinha coragem de ir a escola, eu e meus colegas de quarto (10 ao todo) a gente fazia uma brincadeira pra esquecer o almoço e a janta "vamos brincar de ficar de noite", falávamos. Fechávamos portas e janelas e o AP ficava escuro como a noite sem lua lá no sítio que não tinha energia, daí a gente dormia até ouvir o alarme disparar (6:45min) para sairmos as carreiras com nossos copos em mãos pegar nosso café da manhã, esse graças a Deus nunca faltava.

Com excessão de meus amados irmãos Josenildo e Maurício que decidiram juntarem-se a mim na CERN, os demais familiares nunca souberam desses momentos, inclusive pai e mãe, que se ainda estivessem nesse mundo só agora iam saber; eu sempre os dizia que estava tudo bem sabendo nossas condições, não havia por que preocupá-los.

Bom o tempo passou e me adaptei a minha nova realidade, só então comecei a perceber que em toda minha existência mãe sempre esteve ausente à mesa, sempre privou-se de sentar à mesa em nossas refeições; aquela cena era sagrada: fazer o prato de cada um de nós e ficar ali atenta a todos, nos servia sem nunca reclamar. Ao final todos saíam, era hora dela sentar a cabeceira que dava acesso a cozinha e comia (se tivesse sobrado). Se não ela colocava café fervente em um prato fundo (de sopa) jogava farinha, aquilo virava uma espécie de pirão (essa lembrança é a que mais me angustia quando lembro toda privação e renúncia que mãe sem nada nunca reclamar fazia por nós) mais ela comia aquele pirão como se fosse a iguaria mais cara de um 5 estrelas, essa cena até hoje, como agora me emociona e vou aos prantos. Muito pela aceitação e dedicação de toda aquela situação, de toda sorte de dificuldades ela nada reclamara e mesmo assim conseguia ser amável com todos, inclusive com os pedintes principalmente de João Câmara-RN, Parazinho-RN e Jandaíra-RN que era tão comum aquela época passarem em nossas portas pedindo, uma chicará de café, açúcar, arroz, feijão... afinal não existia "Bolsa Família" para amenizar a fome dos pobres muito menos oportunidades de emprego.

Associo o teu cárcere político a sublime "ausência de mãe à mesa" porque sinto tua paciência, tua sabedoria em aceitar sem odiar os teus algozes da mesma forma que mãe renunciava o direito de se alimentar sem desespero ou revolta.

Quando vejo o estupro a direitos individuais que nosso injudiciário, mídia, burguesia e parte dos pobres que graças a ti hoje se sentem burgueses, lembro de onde vim e sei #Lula você está eternamente condenado mais não por crimes, mais por ter dado oportunidades a mim e tantos outros como nós, estás condenado a viveres sempre em nossas mentes e corações.

Descrevi fatos acima que muitos que não sabem de onde vim, saído do sítio, morado na Casa do Estudante-

RN. Ter conseguido um emprego que me abriu as portas para liberdade (garçom - Hotel Pestana Natal 2001-2007) e você esteve lá entre este período. Até hoje guardo com carinho cópia da carta que nos deixou quando lá esteve, mais infelizmente não pude te dar um abraço e dizer o quanto o amo. Guardo esta carta como contra capa de um CD que tenho de tuas campanhas até 2006.

Morei 14 anos de aluguel, daí nossos governos-petistas tiveram a ideia de criar o PAC - Programa de Aceleração do Crescimento; e eu, aquele Zé Ninguém, o famoso "Zé Roela" lá do interior, teve oportunidade de comprar um apartamento pelo MCMV e pagar por ele menos que muitos de meus amigos pagam por um aluguel, com R$ 471,04 moro há quase 5 anos num imóvel que um dia será meu. Pior pra o desespero da burguesia ainda comprei um Celta (vermelho em homenagem ao PT) carro de pobre mais que para mim tem valor igual um Camáro, e me orgulho dizer a todos, foi graças aos governos do PT, que deu oportunidades, inclusive ao padrinho desse Celta, meu irmão Maurício, hoje doutorando em História, mestre e professor na UNIR - Universidade Federal de Rondônia - Campos-Rolim de Moura, que graças as bolsas e dedicação tornou-se graduado e mestre pela nova UFRN - Universidade Federal do RN que você e Haddad transformaram numa verdadeira cidade, e em poucos meses se tornará doutor, o único daquela família humilde de 19 irmãos. Pena que nossos pais não estejam mais vivos pra verem o sonho deles concretizados, um filho doutor.

#Lula desde 6 de junho de 2014 moro no meu AP situado em Nova-Parnamirim, Grande Natal. E desde

2016 mantenho nossa bandeira do PT exposta na janela, é o que costumo dizer aos curiosos: essa bandeira é o meu espanta coxinhas, pois durante o processo farsante do impcheamment da Dilma vi muitos que só saíram do aluguel soltarem rojões com o resultado indesejável e lastimável do processo.

Nós que emergimos da pobreza ou extrema pobreza ver um pai agricultor semi-analfabeto e uma mãe dona de casa-agricultora semi-analfabeta ter a alegria de vê-los com um diploma nas mãos, eles já não estão aqui mais sinto o quanto estão orgulhosos de meu irmão e das oportunidades que você o proporcionou. Obrigado #Lula, por existir e provar que um torneiro mecânico e uma mulher podem sim chegar lá e fazerem a diferença. Isso nos motiva a lutar, as sementes plantadas por vocês são como rama de batatas ao solo, uma vez plantadas nunca mais conseguiremos elimina-las, elas sempre renascem. Podem arrancar a torceira mas jamais deterão o leirão inteiro.

Cada dia de teu cárcere é como um espinho de cardeiro plantado em meu coração.

Mantenho desde tua prisão política adesivos de #LULALIVRE no meu Celta vermelho, não tenhas dúvidas, por isso tantas vezes no trânsito fui advertido com sinais de arminhas bem como por gritos de #LULALIVRE, já fui inclusive impedido de estacionar no meu setor de trabalho, e nem posso, meus patrões até palestras queriam nos impor com o ainda Deputado Federal graças ao povo do RN derrotado nas urnas Rogério Marinho - PSDB-RN, agora nomeado Secretário no Governo Bolsonaro, mais nada me corromperá de minha certeza: #LULALIVRE / #LULAVIVESEMPRE..

Na certeza que ainda tardiamente a justiça será feita e que Deus permitas você ler meu jornal, com toda certeza de tua inocência;

Lucas (LUCASPETRALHA).

Natal, 8 de janeiro 2019.

84-88301-4235
ptsoit13@hotmail.com

Recife, 10 de janeiro de 2019

Caro Sr. Lula,

No auge dos meus 17 anos, eu, Ana Vitória Batista de Lula, digo que a luta continua. Por mais que meus direitos públicos, trabalhistas e de cidadã estejam "ameaçados", o meu dever não. Meu dever de mulher, nordestina, estudante e humana.

Hoje acompanho as reportagens acerca do rumo infeliz que nosso país está tomando e tenho certeza de que não me enganei ao bradar "Lula livre", não me arrependo de apoiar o professor Haddad como seu representante, me orgulho de ter participado do "Vira Voto Vira" e admito que ao ver o resultado chorei de temor e de incerteza.

Acima de tais temores e incertezas, creio que o Brasil será feliz de novo. Acredito que nós iremos nos reerguer. Os erros do PT não são maiores que as mudanças e evoluções em nosso país.

Por mais que sejam tempos difíceis para os sonhadores, deixo aqui nessa folha minha força e minha esperança. Não só minhas mas de toda minha família, de todos os nordestinos que reconhecem seus esforços, e que acreditam nos seus atos e no que em um bom futuro o senhor fará por nós e com nós.

Volto a dizer que a luta continua, e que nós trabalhadores estamos ao seu lado. E é com certeza e com gratidão que digo essas palavras. A porta que o senhor abriu para os jovens não será fechada. Por ele não.

Com grande admiração,

Vitória Lula.

Fortaleza, 16 de janeiro de 2019

Querido Presidente Lula,

É domingo. Estou num samba no Centro de Fortaleza. Faz sol. Tem gente de todas as idades. Gente de todo jeito. Como o Brasil. Tem cerveja, cachaça, queijo, churrasquinho...

E tudo me faz esquecer o que recorrentemente penso: estamos vivendo um pesadelo no Brasil. Penso: não pode mais piorar. E piora.

Temo por muitos. Por mulheres como eu. Por mães solo como eu. Pelos mais pobres. Pelo Nordeste. Mas não quero desanimar. Nem posso. Tenho o João, quase 5 anos. Que, embora esperto, não entende nada e acha que os que soltam fogos e vestem a camisa da seleção "são do nosso time, né, mãe".

Ai, aqui tocam "O que é? O que é?"

Sim, a vida devia ser bem melhor e será...

Desejo que não lhe faltem motivos para resistir e continuar sonhando com um Brasil melhor! Estamos por aqui! Estamos juntos!

A vida é samba!

Abraços!

Manoella.

Curitiba, 17 de janeiro de 2019

Olá Presidente!

Me chamo Lívia, desde o ato da sua prisão eu ansiava lhe escrever. Trabalhei no sistema penitenciário estadual aqui no Paraná como estagiária do setor jurídico, por isso sei como pode ser dolorosa toda essa solidão.

Entrei na faculdade de direito em 2009, uma das melhores privadas do Estado, graças ao Prouni. Só Deus sabe o sonho que tenho de lhe dar um abraço em agradecimento por essa oportunidade.

Vim do Mato Grosso (Sinop) em 2006 em razão de uma crise no setor da soja. Minha família, majoritariamente de direita decidiu mudar de Estado para começar uma vida nova, estávamos quebrados. De repente, já aqui em Curitiba consigo a faculdade graças ao Prouni.

Meu pai, aposentado, nos mantinha com 1.200 reais, minha mãe, irmão e eu. Terminei a faculdade em 2013, passei na Ordem antes mesmo de colar grau, fiz orgulhosos os meus pais, espero que essa história também o faça orgulhoso. Advoguei por alguns anos na área criminal objeto eterno do meu estudo, eu aprendi, com suas políticas de governo a olhar para os vulneráveis. Meu sonho de cursar direito nasceu quando assisti uma reportagem sobre a morte do Juiz italiano Giovani Falcone, queria ser juíza. Logo no início da faculdade desisti, notei que poderia fazer muito mais pela sociedade enquanto advogada. Não fiz “nome” na profissão, mas coleciono dentre outros orgulhos uma absolvição sumária e a solução de um crime do qual meu cliente era inocente, também absolvido. Defendi tortura, latrocínio, estupro de vulnerável... nunca traí meus princípios e nem a confiança dos meus clientes (todos dativos), em caso de culpa estávamos de comum acordo que trabalharíamos com a verdade tentando apenas a redução da pena. Cheguei realizar audiência c/ o Juiz Sergio Moro, a postura dele nas audiências do Sr. Presidente me impressionou, não parecia uma audiência normal. Tais fatos começaram a me entristecer. Trabalhei como assessora no TJPR e foi a gota d'água para que eu me licenciasse da OAB sem perspectiva de retorno.

A questão da prisão em segunda instância dentre várias outras movidas por sentimentos políticos, de cunho ideológico (ideologia de direita existe, eles esquecem), tudo isso fez com que eu decidisse, aos 30 anos, que não faria mais parte desse mundo que deveria ser imparcial e muito distante da política.

O meu pai faleceu em dezembro de 2013, me formei em julho daquele ano. Que graça, que benção enorme ver um homem nascido em 1941, sem o ensino fundamental formar pela primeira vez um filho no ensino superior. Essa lágrima que derramo ao lembrar da alegria daquele pai, peão a vida toda, gostaria de incluir no abraço de agradecimento que gostaria de dar ao senhor. Meu pai sempre foi um sujeito conservador por ser levado com a boiada. Se os patrões pensavam que direitos trabalhistas eram ruins, ele deveria pensar assim pela lealdade.

Contudo, no seu leito de morte me perguntou como foi o governo de Getúlio Vargas, a ditadura... Ele, que sempre disse que a ditadura foi um período de calmaria... Curiosa, perguntei por que ele achava que eu saberia mais do período do que ele que viveu naquela época. Ele me disse que como morava na roça, ficava sabendo por cima das confusões que ocorriam na cidade. Tentei contar de maneira imparcial, e ele ouvia, atento como uma criança. Um pai sabendo da história que presenciou pela boca da sua filha. Existe um texto muito bonito que se chama "todo filho é pai da morte do seu pai"[10]. Nunca vou me esquecer desse dia. Ele foi tratado, aliás, muito bem tratado pelo SUS, ficou inconsciente 5 dias após essa conversa e quase 3 meses em coma.

Em coma, espero que ele pudesse ouvir que eu não falhei um dia em vê-lo, em cantar para ele e relatar fatos históricos.

Me casei em 23.08.18, com um dentista que abandonou a profissão e virou médico, o Rafael. Hoje ele é do Mais Médicos, que privilégio ver essa ponte formada, um menino muito bem educado, classe média/alta, viver semana após semana a realidade destas pessoas tão carentes de tudo. O coração dele sempre foi de ouro e eu acho um presente as relações que programas como esse criam. Obrigada Presidente! Obrigada por me fazer perceber que mesmo vivendo numa família conservadora, sempre fui de esquerda. Obrigada pelo seu governo que fortaleceu e empoderou minorias, meu irmão é gay e, noutros tempos teria que viver reprimido. Foi dessa forma que o Sr. transformou a minha história e da minha família.

Aos 30 anos fiz vestibular p/ enfermagem na UFPR, passei e agora vou ajudar as pessoas de outra forma, porque o direito, no nosso país atualmente virou instrumento de vingança e não de restauração.

É muito remota a possibilidade desse abraço Sr. Presidente, mas sinta-se abraçado, admirado e orgulhoso. Seus programas formaram uma geração de pessoas que olham para o outro, esse é o seu legado, ele não é político, seu legado é humano.

Espero, do fundo do coração que essa carta tenha chegado até suas mãos!

Um grande abraço Sr. Presidente, não esmoreça, encontre forças nas transformações que realizou em milhares de vidas.

Fique com Deus!

Lívia

Ps. Envio 3 folhas brancas p/ o caso de o Sr. ter poucas e precisar.

Severínia, 5 de fevereiro de 2019

Saudações ao nosso Querido Ilustrissimo Senhor.
Luiz Inacio Lula da Silva

Eu Francisco Aparecido Malheiros.

Estou lhe escrevendo uma das mais simples cartas, entre as milhões que merecidamente você recebe.

Mais eu sei que você vai ler atenciosamente, pois todos nos sabemos que você é o nosso Lula e ja mais vai fazer diferença. Pois nos somos Lula eternamente.

Meu amigo eu estou te escrevendo para desejar meus eterno sentimento pelo falecimento do seu irmão. Lula eu fiquei tão sentido como se ele foce da minha familia.

Lula A minha familia carrega tristeza magoa e profundo desgosto pelo o que estes persseguidores fazem com você injustamente mais eu acredito que existe um só este pode e fais.

Lula na hora que isto acontecer você vai se lembrar o que este umilde pedreiro te falou

Meu querido amigo

você pode acreditar no que este admirador te dis.

O meu penssamento e o meu coração esta aí nesta sala com você 24 horas por dia meu amigo.

Eu sou um simples pedreiro que trabalha os dias que tem serviço

Pois desde que você saiu do governo para a classe de pedreiro caiu 45% no valor da mão de obra.

Mais mesmo com tão pouco eu ainda pensso em te ajudar. Eu vou arrumar um geito de fazer uma pequena contribuição para arrumar mais alguns advogado. Eu sei que os que te defende são muitos bons e eficiente mais vamos reforçar mais este time

Pois queremos o nosso artileiro em campo.

Lula muito obrigado por tudo o que você representa para o Brasil

Lula eu gostaria de receber uma carta sua escrita a mão e assinada por você para eu colocar na minha porta do meu sobrado para todos verem.

Lula o meu maior sonho e da minha esposa é te visitar e tirar uma foto com você. este sonho vai ser realizado ainda em 2019 não quero partir para o outro mundo sem realizar este sonho.

Lula queira aceitar minhas lembranças
e como despedidas vai juntos os votos de boa sorte
saúde esposição paz e felicidades
E muitas esperanças
E penssa só positivo
Pois eu estarei sempre rogando a Deus E Nossa Senhora Aparecida por você e sua enocencia.

Sempre caminhamos pega nas maos de Deus e venceremos

Abraço Assinado Francisco Aparecido Malheiros

banana pra eles, joga toda nossa soberania no ralo, ri da nossa cara, debocha da nossa resistência.

Mas seguimos, que aqui ninguém é feito de açúcar. Somos sementes. Aprendemos contigo.

Mas precisamos de ti... nunca antes na história desse país precisamos TANTO de ti como agora.

Pelo "andar da carruagem", daqui a pouco tu vai sair daí e vai constatar com teus próprios olhos o horror que está esse país.

Mas o jogo tá começando a virar. Discretamente, mas está. Quem se achava dono da opinião pública, o super herói da sociedade, já está vendo como é bom ser escrachado pela imprensa...

Aguenta, Lulão!

Aguenta por nós, por ti, pela tua neta que fez um apelo emocionado nas redes sociais pedindo tua liberdade, pelo teu neto que se foi pra fazer companhia pra vó dele e tá lá jogando bola com meu filho, pelos milhões de cidadãos que tem todo direito de te amar e te seguir onde tu fores.

Tu jamais está sozinho.

Jamais estará sozinho.

Adriana

São Paulo, 21 de março de 2019

Querido companheiro Lula,

Somos mães e avós; algumas, mais jovens do que isso. Todas feministas e de esquerda. Somos as Mulheres na Luta Pela Democracia/Lula Livre e nosso Comitê é conhecido pelo nome de NaLuta. Quando falamos entre nós, somos Iansã, a valente e independente senhora da cultura afro-brasileira capaz de dominar ventos e tempestades.

Começamos nossas atividades em São Paulo onde, às quartas-feiras, nos reunimos no Vão do Masp, na avenida Paulista. Lá protestamos contra o Golpe e fazemos nossa profissão de fé na democracia. Desde a injusta prisão pedimos pela sua liberdade. Ao ar livre, ministramos aulas públicas ou explicamos individualmente a quem se interesse o que acontece nesse doloroso momento político.

Estamos ao seu lado há muito tempo. Muitas de nós vivemos sob a ditadura de 1964 e lutamos pelo seu fim. Algumas fomos presas. Estivemos na lida de jogar fora os últimos carvões do regime autoritário que nos consumia e participar da reconstrução do país. Todas nós, ontem e hoje, abraçamos a ideia de chegar ao poder pelo voto e, via democracia, construirmos, com todas as forças de esquerda, um país mais justo, mais livre e mais feliz para todas e todos os brasileiros.

Pela nossa experiência de luta e pela história, sabemos que desempenhamos o nosso papel na batalha contra a ditadura militar. Temos consciência, contudo, que seu protagonismo em todas as batalhas que definiram o final da guerra contra o regime e, posteriormente, na luta contra a entranhada desumanidade deste país contra os seus filhos mais humildes, foi fundamental para nossas vitórias.

Nem as mulheres, nem as esquerdas, nem os mais pobres teriam conquistado espaço, cidadania, consciência política, dignidade e um enorme apreço pelo regime democrático não fossem seus 40 anos de luta.

A política vivida pelas nossas gerações traz o seu nome em primeiro plano – e é por isso que você é um preso político. Você hoje repete os vitimados no passado pela crueldade, estreiteza e obscuridade da direita brasileira. Como você, todos os reformistas sociais deste país foram perseguidos e caluniados pelas elites de seus tempos.

Fomos e somos suas companheiras de luta. Nas greves do ABC, de 1978 a 1981; na construção do PT, que nasceu generoso, abrigando as forças políticas que haviam sido derrotadas pela luta armada, os sindicalistas que enfrentaram o regime e os setores da igreja progressista que levavam aos cantos do país, aos excluídos, a esperança de um futuro melhor. É de você que lembramos quando revivemos as lutas eleitorais a partir de 1982 e os segundos turnos sofridos, cheios de esperanças e frustrações.

Você era o nosso sonho realizado quando obteve o seu primeiro mandato. Foi você que mostrou ao país e ao mundo que outro Brasil é possível, com mais saúde, mais educação e melhor distribuição de renda. Foi pela sua mão que, pela primeira vez, uma mulher chegou à Presidência da República. E é à sua volta que se movem todos os comprometidos com a democracia, porque em décadas não surgiu ninguém com sua força catalisadora, ninguém com sua imensa capacidade de liderança capaz de empreender a luta pelo fim da desigualdade e pela humanização dos despossuídos.

O golpe de 2016, que culminou na sua prisão, mostrou que nossos inimigos querem neutralizar a força de sua presença em nossas vidas. Por essa razão, empenham-se em tirá-lo da nossa vista e de nossas vidas; impedem que sua voz nos chegue; tentam rasgá-lo da nossa história e da história do país – como se fosse possível apagar uma ideia, um sonho de futuro, um companheiro de luta e de vida.

Não vão conseguir, nosso sempre Presidente. De nossa parte, continuaremos a nos reunir todas as quartas no Vão do Masp. E iremos na próxima, e na próxima, e na próxima... até que todos os direitos que conquistamos nas lutas em que estivemos ao seu lado sejam restituídos, até que a Justiça volte a ser justa, até que a democracia retorne aos nossos lares e proteja nossas famílias, até que o tenhamos de volta para outras lidas. Quando a grande mídia parar de falar de você, nós continuaremos gritando "Lula". Quando te chamarem de criminoso, nós diremos "Inocente". Quando afirmarem que o Brasil é deles, nós reiteraremos: É nosso! É de todos os Lulas deste país.

Presidente Lula, pensando bem, fomos sempre Lula. Continuamos Lula e faremos como Lula: não desistiremos dos nossos sonhos. Eles continuam sendo os seus.

Palavra de mulheres de luta!

Um abraço de cada uma de nós, as
mulheres do Vão do Masp.

Dourados, 13 de abril de 2019

Querido Lula,

Fiquei pensando em como poderia te chamar nesta carta. Se de querido, amado, imenso, maravilhoso, guerreiro... São tantos sentimentos que o mundo nutre por você que fica difícil escolher um adjetivo só.

Eu sei que de abril de 2018 pra cá tem sido bastante difícil pra você e saiba que pra nós também, pois a injustiça que está encarcerando teu corpo também o faz conosco, que vivemos em constante agonia e indignação. No entanto, as grades jamais conseguirão encarcerar tua história, tuas ideias, assim como a admiração e a gratidão que temos por você e é desta última que quero lhe falar.

Lula, eu sou Thaisa, tenho 32 anos e venho de uma família humilde. Neta de pescador e lavadeira por parte de pai e gente da roça por parte de mãe; filha de motorista de ônibus (e pescador para complementar a renda) e de dona de casa. Comecei a trabalhar com 12 anos como manicure em um salão de beleza da pequena Santa Fé do Sul-SP. Fiquei nesta profissão até os 22 anos. Lembro como se fosse hoje o dia em que minha amiga Bruna veio me contar que tinha visto na televisão a propaganda do governo federal sobre o PROUNI. Fui correndo pra casa para saber dessa oportunidade.

Após muita luta para participar do Programa, fui contemplada com uma bolsa de 50% para cursar Direito em uma Universidade particular em Fernandópolis-SP. Trabalhar até as 17:30, pegar o ônibus para ir e voltar 00:30 todos os dias era a realização do sonho de pais que sequer tinham cursado o ensino fundamental completo terem na família uma mulher com formação em nível superior. Para mim, o sonho também se concretizava, pois conseguia enxergar um futuro com mais possibilidades.

Quando me formei na graduação, logo depois passei no Mestrado em Direito Agroambiental na UFMT, em Cuiabá--MT. A partir de então, a vida de uma manicure passou a mudar e os planos envolviam vôos mais altos. A educação abriu portas e por elas fui entrando. Às que se fechavam, nelas batia; às vezes dava um empurrão e entrava, pois como você sabe, escorpiano não aceita injustiça! Sim, faço aniversário na mesma data que você ♡.

Depois disso, fui aprovada e tomei posse em três concursos públicos para docente: UNEMAT, UFMT, Campus de Barra do Garças e atualmente na UFGD. Nesse período, fiz Doutorado em Direitos Humanos na UFPA. E só para lembrar, fui bolsista da CAPES no mestrado e no doutorado.

Mas por que eu deveria te contar toda essa história, que se assemelha à de tanta gente lutadora por aí? Porque a primeira porta que se abriu permitiu que as demais portas se abrissem. Todas elas possuem um elemento essencial: a meritocracia! Ninguém é aleatoriamente escolhido por estes programas sociais. É preciso muito esforço e dedicação.

O PROUNI mudou a minha vida e a de milhares de brasileiros como eu. O REUNI permitiu que as

Universidades Federais pudessem chegar ao interior deste país, como é o caso da UFMT, Campus Araguaia e da UFGD.

As bolsas da CAPES me permitiram custear livros, viagens e outras necessidades que envolvem a pesquisa. Os Programas de Pós-graduação que cursei só existem graças aos investimentos nas Universidades Federais.

Hoje sou professora da Faculdade de Direito e Relações Internacionais da UFGD, criada quando o Ministro Fernando Haddad comandava os rumos da educação no país. A manicure venceu na vida, mas não conseguiria sem oportunidades.

Querido Lula, não tens noção da gratidão que tenho por você. Eu digo em todo canto que vou: sou filha do PROUNI!

Sou fruto das políticas sociais de educação do Governo Lula! A semente que você plantou está espalhando bons frutos país e mundo afora.

E sabe o que é mais bacana disso tudo?

É que gente como eu, de origem humilde, está ocupando os espaços que antes eram dominados por filhos de gente rica, na maioria dos casos, homens brancos, héteros e que exalam os ranços que estruturam este país: da escravidão, do patriarcado e do fundamentalismo religioso.

O Direito ainda é um espaço retrógrado, mas te juro, Lula, estou fazendo a minha parte para romper as bases desta estrutura. Graças a você as Universidades tem negros, quilombolas, índios, pobres, transsexuais, gays, lésbicas, refugiados: a diversa gente, tão injustiçada neste país começa a se empoderar.

E é por isso que te escrevo. Para mandar boas vibrações de gratidão pela transformação que as políticas educacionais de seu governo fizeram e ainda proporcionam em minha vida e de tanta gente.

Estamos com você em prece, em luta diária e em esperança do verbo esperançar, de que logo você saia deste lugar, pois tua morada é nos braços do povo!

Gratidão!
Há braços!
A luta continua!

Dourados-MS, 13 de abril de 2019.

Thaisa Maira Rodrigues Held

Mairiporã, 25 de abril de 2019

Presidente Lula,

Venho trazer-te um abraço de minha mãe e minhas tias. Gente simples, suas eleitoras, que sofreram e ainda sofrem com as injustiças dessa vida. São mulheres negras, que conheceram as privações, as dores, as perdas. Mulheres marcadas pelas estatísticas mais perversas. Que criaram seus filhos sem pais, que os perderam antes que completassem 20 anos. Mulheres que carregaram sacolas pesadas nas filas das detenções, que foram condenadas a viver sozinhas. Mulheres guerreiras, que lutaram muito pelo simples direito de existir. Sou filho de todas elas, sou um sobrevivente.

São muitas, Senhor Presidente. São Carolinas, Marias, são de Jesus e de todos os Orixás, são negras e são pobres. Elas nem foram à escola, Presidente, são autodidatas e fizeram do tempo sua universidade. Moram longe, bem longe, lá onde a lei do silêncio e a lei do cão imperam, lá onde esse tal de Estado Democrático de Direito nunca deu as caras. Lá, onde guarda-chuvas se transformam em fuzis e onde a mão pesada da polícia dispara cento e onze vezes[11] contra corpos que ousam atravessar a fronteira. Lá, de onde eu vim.

Elas choram cantando. Um samba triste que fala de esperança e sonhos. Elas te conhecem, Presidente, te defendem, te amam. Elas passaram a vida esperando aquele dia, aquele dia primeiro, quando subiram a rampa junto de ti, de braços dados, orgulhosas. Saíram de todos os cantos, das periferias, favelas, cortiços. Elas sabiam, Senhor Presidente, porque do "Quarto de Despejo" uma dessas Carolinas anunciou: "O Brasil precisa ser dirigido por uma pessoa que já passou fome. A fome também é professora. Quem passa fome aprende a pensar no próximo, e nas crianças." Elas sabiam.

Presidente Lula, nessa escola em que estudaste, essas mulheres foram professoras. Elas te conhecem profundamente e eu sei que o senhor também as conhece, afinal, nasceste de uma delas. Dessas, que deixaram de comer pra dar aos filhos, que não esmoreceram diante de adversidades seculares, que suportaram a escravidão, o açoite. É dessas mulheres que descendemos. São elas, Presidente, que te mandam este abraço, minhas mães, minhas tias.

Pra elas, tu és como um filho, porque elas mesmas já levaram o "jumbo" tantas vezes, já foram humilhadas, já viram seus direitos negados. Elas sabem exatamente o que estás passando. Elas se solidarizam. Eu também.

Sabes, Presidente, sou um homem negro consciente de meu lugar neste país racista. Entre ricos e pobres, continuo sendo negro. Entre esquerda e direita, continuo sendo negro e na minha mão um simples pacote de pipocas pode ser confundido com drogas e justificar minha morte. Ter acesso a bens de consumo não me faz deixar de ser negro. Ter um diploma de doutor, um bom salário, uma boa casa, um bom carro, nada disso me isenta dos riscos e das consequências do racismo.

Foi um erro, Senhor Presidente, foi um grande erro alimentar a ideia de uma nova classe média. Criar na cabeça do brasileiro a ilusão de que ter acesso a bens de consumo promoveria sua ascensão social fez com que muitos passassem a se comportar como tal e reproduzissem o discurso do opressor, rejeitando as políticas sociais e de promoção de igualdade que deram melhores condições de vida ao povo e que colocaram o país entre as maiores economias do planeta.

Pois bem, Presidente, ou se serve à elite ou se serve ao povo. Fizeste tua escolha e pagaste o mais alto preço. Mas resistência é luta, Presidente. Sou um homem negro, e como tantos homens negros, poderia estar no teu lugar. Condenado sem provas, sem direito a ampla defesa, sem direito a nada. Pra nós, isso é rotina. Pra nós, a morte é rotina. Se estivesse no teu lugar, Presidente Lula, gostaria de receber esse abraço de mãe, de tia. Esse abraço negro, caloroso, carinhoso, guerreiro.

Nesse abraço, Presidente, vai toda a força de nossa ancestralidade. Vai a herança de Zumbi e Dandara, de Pai Pérsio de Xangô e Mãe Menininha do Gantois. Vai a bênção de Ogum e de Oxóssi, de Oxum e Iemanjá. Que todos os Orixás emanem Axé neste abraço que é meu e delas. Foram elas que me ensinaram que resignação também é luta e por isso sobrevivi. Hoje sou bacharel, mestre e doutor, Senhor Presidente, mas muitos gostariam que eu ainda fosse apenas o filho da empregada.

Numa estrutura que segue reproduzindo a lógica da casa grande e da senzala, um negro não pode almejar projeção nem sucesso. Um nordestino não pode ousar ser um estadista. Uma mulher não pode exercer o poder. Foi bom ter esperança, Senhor Presidente, foi bom sonhar. A História há de resgatar tua dignidade e tua honra.

Confio, ainda, que, pela vontade soberana do povo, a justiça será feita.

Receba este abraço, meu querido Presidente Lula, de tantos e tantas como eu, de minha mãe e minhas tias, de homens e mulheres negras que reconhecem a grandeza do teu gesto abnegado pelo bem do povo brasileiro. Tua prisão política, Presidente, é um grito que ressoa pelo mundo; não será à toa, não será em vão.

Rodney William Eugênio

Berlim, abril de 2019

Difícil iniciar esta carta lhe perguntando se você está bem ou desejando que essas palavras lhe encontrem bem. Difícil porque sei que, por mais forte e resistente que você seja às injustiças e às dores que lhe foram infligidas ao longo desses anos, nada pode estar bem ou bom na situação em que você se encontra.

Para qualquer pessoa de bom senso, no Brasil e no mundo (e eu tenho corrido o mundo, meu querido), não faz qualquer sentido você estar preso - sem provas e por sentenças escancaradamente fraudulentas, até mesmo mal escritas e com trechos copiados de outras, dadas por juízes e juízas que agem como políticos vingativos, desonestos intelectualmente e ressentidos.

Escrevo-lhe esta carta, meu velho, porque amanhã essa sua prisão injusta faz aniversário. Há um ano você é um preso político, retirado fisicamente da cena pública sob acusações vindas de uma operação da Justiça e Ministério Público federais de Curitiba que, hoje estamos sabendo, não tinha apenas o propósito de criminalizar o PT e as esquerdas em favor da extrema direita fundamentalista cristã e miliciana, mas sobretudo o de se apropriar privadamente de recursos públicos (bilhões de reais!).

Escrevo-lhe esta carta do exílio que me impus para escapar da morte violenta que me rondava aí. Sabe, Lula - e seguramente você deve saber, porque tem amigos que foram exilados durante os anos terríveis da ditadura civil-militar no Brasil - o exílio não é nada fácil. É uma "longa insônia", como já disse o escritor francês Victor Hugo. Eu direi que é um "não-lugar", para citar outro francês, o filósofo Marc Augé. No exílio, estamos permanentemente a caminho, numa estrada sem retorno à vista e cujo fim não se pode vislumbrar. Trata-se de um salto interminável de um lado para outro a que não se chega, e com o abismo a nos espreitar abaixo. O exílio é um além, meu amigo.

Contudo, o exílio é melhor que a prisão. Esse além ainda pode ser uma vida em liberdade espacial. O salto pode ser sentido e visto como um voo. Pode-se aproveitar a paisagem do interminável caminho que ele é. E é esse o sentido que tenho dado ou tentado dar ao meu exílio, em nome dos que aí ficaram e estão ameaçados.

Em cada espaço que se abre para mim na Europa, nos EUA, no Canadá e em países da América Latina, eu tenho apontado para a nuvem de gafanhotos que paira sobre - e já devora - a nossa democracia ainda em broto; tenho denunciado sua prisão arbitrária e gritado "Lula livre!", colando adesivos em postes, e tenho tornado presente a memória de nossa saudosa Marielle Franco, exigindo que se descubra quem mandou matá-la. Muitos têm me acompanhado, Lula. Você não está só! E o propósito dessa carta é o de lhe dizer isso.

Ainda que todos no Brasil e no mundo o esqueçam - algo impossível, porque você já é história e vive na dignidade de cada pobre, preto, preta, favelado, periférico, gay, lésbica, travesti, evangélico, católico, judeu, umbandista, indígena, camponês, operário e trabalhador informal conquistada durante e por causa de seus governos, mesmo que estes não tenham consciência e até lhe sejam ingratos, insultando-o nas redes sociais - ainda que isso aconteça, eu estarei com você, não importa o preço que eu tenha que pagar por isso. Não tenho medo da impopularidade. E a gratidão e a bondade são algumas das minhas virtudes, entre meus muitos defeitos.

Desde 1989, eu o vejo como o pai que meu pai poderia ter sido. Seguramente você teria, a princípio, algum problema com minha homossexualidade, como meu pai teve, mas, certamente, superaria isso e me amaria como sempre e me protegeria dos horrores da homofobia. De alguma maneira, Lula, eu segui seus passos a partir de então. E desde que meu pai se foi deste mundo, em 2001, você é a referência paterna em minha vida.

Outro dia, andando sozinho pela madrugada fria de Berlim iluminada e quase vazia, com os fones de ouvido chegou-me uma canção de Roberto Carlos cujos versos me tocam profundamente. Porque me falam de meu pai e mais ainda de você, meu querido.

"Esses seus cabelos brancos bonitos; esse olhar cansado profundo, me dizendo coisas num grito; me ensinando tanto do mundo; e esses passos lentos de agora, caminhando sempre comigo, já correram tanto na vida, meu querido, meu velho, meu amigo... Sua vida cheia de histórias e essas rugas marcadas pelo tempo, lembranças de antigas vitórias ou lágrimas choradas ao vento; sua voz macia me acalma e me diz muito mais do que eu digo, me calando fundo na alma, meu querido, meu velho, meu amigo! Seu passado vive presente nas experiências contidas nesse coração consciente da beleza das coisas da vida. Seu sorriso franco me anima; seu conselho certo me ensina. Beijo suas mãos e lhe digo, meu querido, meu velho, meu amigo: tudo isso é pouco diante do que sinto."

Eu quero é te ver livre, guerreiro.

Te amo.

Jean Wyllys

Serra, 26 de maio de 2019

26 ♡ 05 ♡ 2019

Meu querido presidente...

Venho por meio desta para dizer o quanto te admiro, quanto amor e carinho tenho no meu coração, e que acredito verdadeiramente na sua inocência.

Quero que saiba o quanto mudou a vida de meus pais; em principal, da minha mãe, e milhões de pessoas espalhadas por esse país.

Antes de seu governo, a vida de ambos (meus pais) eram relativamente precárias e de forma incontivelmente complicadas.

Minha mãe chegou a me contar um pouco do seu passado, o que eu me pergunto todas as vezes, se eu posso chamar tais momentos de infância. É uma dúvida assombrosa, admito.

Contou desde o trabalho, até o essencial. Algo como sobre o que era consumido de manhã. O café puro, que era forçado a sustentar o corpo durante horas, até o meio-dia, onde dessa vez, entrava o café mais uma vez, acompanhado apenas por um tanto considerável de farinha.

E ao fim do longo dia repleto de afazeres, e até mesmo cruéis fatos, alguns frutíferos que eram plantados por conta própria, eram tudo que finalizava a noite, para que assim, no dia seguinte, recomeçasse; Mas nem sempre haveria "tudo isso" a ser servido. Nem sempre.

A minha maior vontade é contar cada detalhe, cada ano sofrido, todos sempre marcados profundamente pela dor, fome e tristeza, sem contar no trabalho pesado que começou aos sete anos, onde ela já estava aprendendo a reconhecer o lado mais difícil da vida.

Porém, com a sua chegada ao governo, toda a história mudou para um rumo, onde tudo florescia, e o que antes, eram trevas e fome, tornou-se luz e abundância.

Irei contá-lo que considero essa carta um pedido de socorro, seja ele pelo medo de ter agora, neste momento, um ser tão inconsequente no poder do país, ou das consequências que serão acarretadas ao povo em massa, por ações impensadas.

Somente ao cogitar o desastre educacional, a ausência de direitos, a irregularidade financeira, o excesso de desastres, as oportunidades para o pior e a falta do essencial, o caminho embaçado, coberto, desfocado do futuro do jovem brasileiro, que antes era claro, e cheio de novas chances, sinto meu coração apertar. Onde vai parar o nosso Brasil? Para onde irá, e para onde foi tudo de bom que já existiu sobre a face desse país?

As perguntas serão sempre cruéis e sempre sem soluções, enquanto a irresponsabilidade estiver posta onde nunca deveria ter estado.

Tudo que precisamos agora, é a força de nossos ideais postos em conjunto, para provar que é sim possível um Brasil com mais livros, e menos armas. Um Brasil com mais esperança, e menos tragédias, um Brasil com mais oportunidades, e menos desemprego.

Um país onde haverá mais amor e menos ódio.

Eu acredito que essa mudança seja possível, e da forma que penso, faço minha parte, e transformo palavras que perderam o sentido, em frases que elevam a coragem.

Aos meus 13 anos de idade, retratei a história já contada em fragmentos no início, da maneira mais sensata, expressiva, sincera, triste, tocante, moralística e realista, assim como ela exatamente é.

Aos 14, ele foi publicado, e assim, passei a incentivar as pessoas a lerem mais, tendo como ponto de início uma história real e que cujos acontecimentos foram inacreditáveis.

Desejo que o senhor também possa ler minha pequena obra, e enxergar como sua existência, suas iniciativas e suas ações foram necessárias para que ele acontecesse; pois se não fosse o senhor, minha mãe não teria tido a chance de me educar da melhor forma, e fazer de mim, a pessoa que sou hoje. Com minhas qualidades, e defeitos.

Eu realmente agradeço por ter dedicado seu tempo a ler tudo que escrevi até aqui de forma mais sincera possível.

Espero também que possa gostar do livro, e da mensagem que traz consigo.

Meu nome é Manuela Sampaio, tenho 15 anos, moro em Serra, ES, e espero ser capaz de usar o que eu sei fazer de melhor para mudar o mundo, e ajudar as pessoas que assim como eu, lutam e esperam por um mundo melhor.

Novamente, obrigada ♡

Abraços ♡

LULA
Revolução
contra a
Não vão conseguir prender nosso sonho
Não vão conseguir prender nossos ideais
Não vão prender nossa disposição
Nem nossa garra, nem nossa força
Não vão matar nossa esperança
Pois ela não cabe numa cela
Ela não cabe nem em nossos corações, Lula
Transbordam em lágrimas, palavras e gestos
Transbordam e hão de transformar
E de te libertar para nos libertar também
Débora Melo
LULA
LIVRE!
Esperança, resistência e liberdade!
Envie sua mensagem de fim de ano ao presidente Lula
PT
Lula Feliz natal
eu queria ser
uma estrilinha lá
no céu só pra
lhi iluminar.
LULA INOCENTE

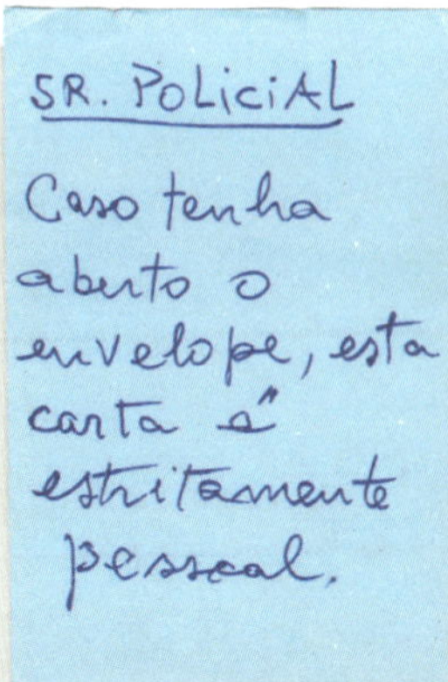
SR. POLICIAL

Caso tenha aberto o envelope, esta carta é estritamente pessoal.

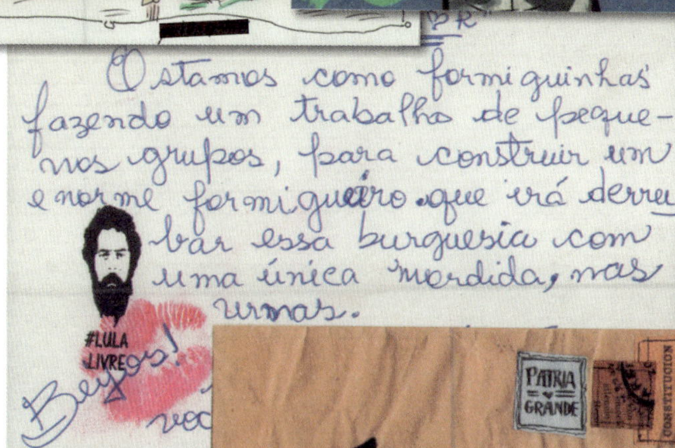
Estamos como formiguinhas fazendo um trabalho de pequenos grupos, para construir um enorme formigueiro que irá derrubar essa burguesia com uma única mordida, nas urnas.

#LULA LIVRE

Beijos!

Jamais Poderão Aprisionar Nossos Sonhos!
Primeiramente gostaria de agradecer pelo que fez pelo nosso país.
Se por algum instante a tristeza se achegar, lembre-se da música...
O show de todo artista deve continuar, ou seja, queremos o nosso presidente de volta, concretizando nossos sonhos, de um país mais justo e igualitário!
Gratidão e abraços!
O bêbad
#lula livre
#lula livre
#lula livre
#lula livre
#lula livre
#lula livre
#lula livre
LULA É MAIS BRASIL
LULA
POSSE DE LULA PRESIDENTE
DE JANEIRO DE 2003
EU PARTICIPEI DESSA MUDANÇA

LULA LIVRE
O Povo de Picarreira
e Trapiá do município de
Nova Russas no Ceará
Ta com você
LULA
LULA
I&H
Lula da Silva
SEM
LULA
O PAÍS SERIA MAIS
POBRE E INFELIZ

FELIZ ANO NOVO!!!
初春のおよろこびを申し上げます
本年も宜しくお願いします
平成三十一年 元旦

1. Lula Livre
Força Lula !
Um forte abraço da Suiça

LULA

ULA LIVRE
ULA LIVRE
ULA LIVRE
ULA LIVRE
LULA LIVRE
LULA LIVRE
LULA LIVRE
LULA LIVRE

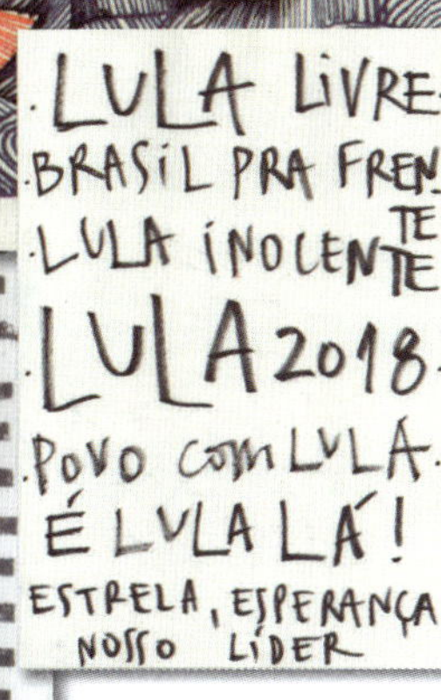
LULA LIVRE
BRASIL PRA FRENTE
LULA INOCENTE
LULA 2018
POVO COM LULA
É LULA LÁ!
ESTRELA, ESPERANÇA
NOSSO LÍDER

Dear Lula:
Stay Strong!
They can trap your body but they can't trap your mind!
Polícia Federal -
Para Luiz Inacio L
Rua Prof. Sandalia
Curitiba - PR - Bra
82640-040
#FREELULA
#LULALIVRE
#LULALIVRE
LULA
DE NOVO COM A FORÇA DO POVO
13
PT
PRESIDENTE
Mulheres contra o Golpe!
Somos
LULA
Alice
2anos

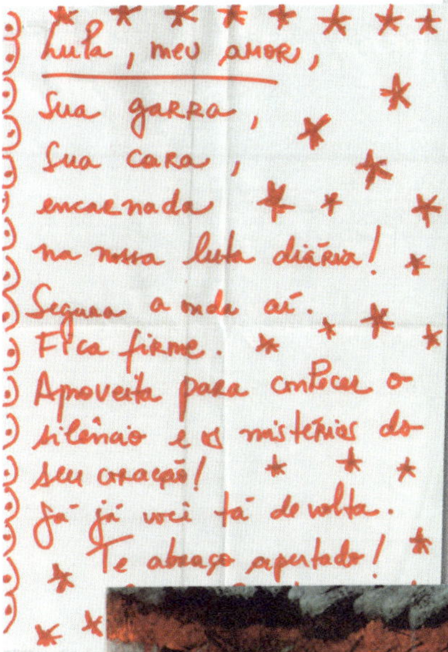

Lula, meu amor,
Sua garra,
Sua cara,
encarnada
na nossa luta diária!
Segura a onda aí.
Fica firme.
Aproveita para conhecer o
silêncio e os mistérios do
seu coração!
Já já você tá de volta.
Te abraço apertado!

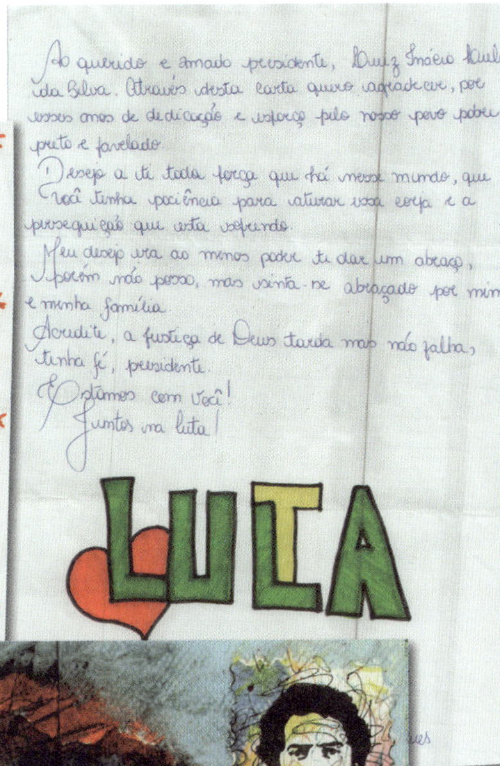

Ao querido e amado presidente, Luiz Inácio Lula da Silva. Através desta carta quero agradecer, por esses anos de dedicação e esforço pelo nosso povo pobre, preto e favelado.

Desejo a ti toda força que há nesse mundo, que você tenha paciência para aturar essa corja e a perseguição que está sofrendo.

Meu desejo era ao menos poder te dar um abraço, porém não posso, mas sinta-se abraçado por mim e minha família.

Acredite, a justiça de Deus tarda mas não falha, tenha fé, presidente.

Estamos com você!
Juntos na luta!

LULA

PARA: Luis Inácio Lula da Silva
R. Profa. Sandália Monzon, 210
Santa Cândida, Curitiba - PR

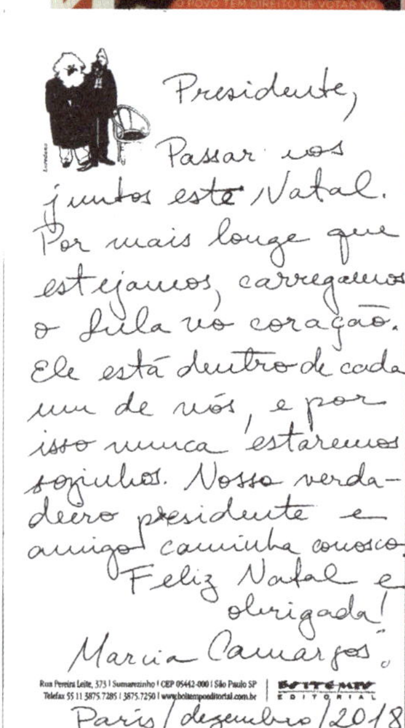

Presidente,

Passar vos juntos ~~este~~ Natal. Por mais longe que estejamos, carregamos o Lula no coração. Ele está dentro de cada um de nós, e por isso nunca estaremos sozinhos. Nosso verdadeiro presidente e amigo caminha conosco. Feliz Natal e obrigada!

Marcia Camargos.

Rua Pereira Leite, 373 | Sumarezinho | CEP 05442-000 | São Paulo SP
Telefax 55 11 3875.7285 | 3875.7250 | www.boitempoeditorial.com.br
BOITEMPO EDITORIAL

Paris/dezembro/2018

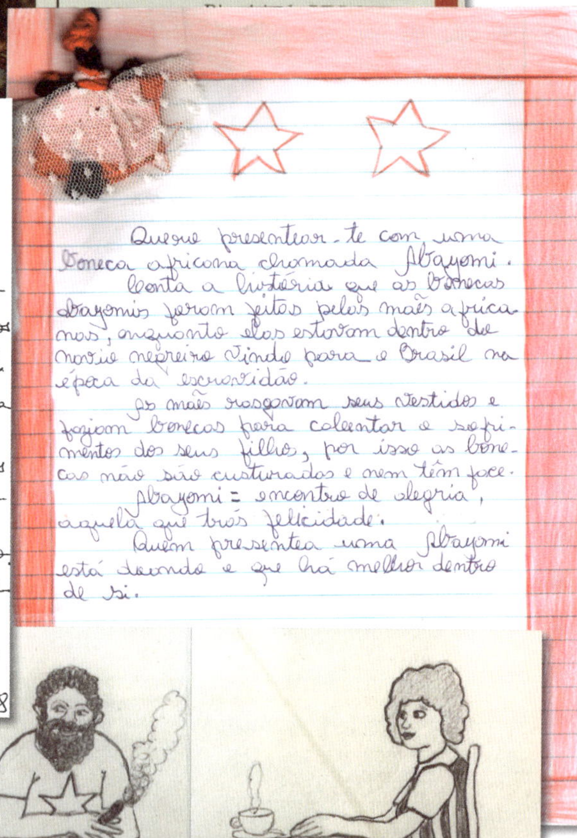

Quero presentear-te com uma boneca africana chamada Abayomi.

Conta a história que as bonecas Abayomis foram feitas pelas mães africanas, enquanto elas estavam dentro de navio negreiro vindo para o Brasil na época da escravidão.

As mães rasgavam seus vestidos e faziam bonecas para coalentar o sofrimentos dos seus filhos, por isso as bonecas não são custuradas e nem têm face.

Abayomi = encontro de alegria, aquela que trás felicidade.

Quem presentea uma Abayomi está doando o que há melhor dentro de si.

Querido Lula
...

LULA
"Os poderosos podem matar uma, duas, três flores, mas não podem impedir a chegada da PRIMAVERA
Eles não vão conseguir deter a PRIMAVERA"
LULA
LULA

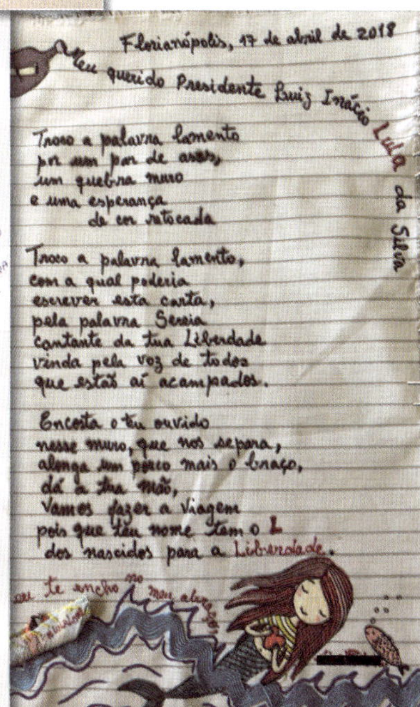
Florianópolis, 17 de abril de 2018
Meu querido Presidente Luiz Inácio Lula da Silva
Troco a palavra lamento
por um par de asas,
um quebra muro
e uma esperança
de ser retocada
Troco a palavra lamento,
com a qual poderia
escrever esta carta,
pela palavra Sereia
cantante da tua Liberdade
vinda pela voz de todos
que estão aí acampados.
Encosta o teu ouvido
nesse muro, que nos separa,
alonga um pouco mais o braço,
dá a tua mão,
Vamos fazer a viagem
pois que teu nome tem o L
dos nascidos para a Liberdade.

SOMOS
TODOS
LULA
Porque você transformou o BRASIL em um país civilizado, fez possível mais cidadões e inaugurou a Democracia

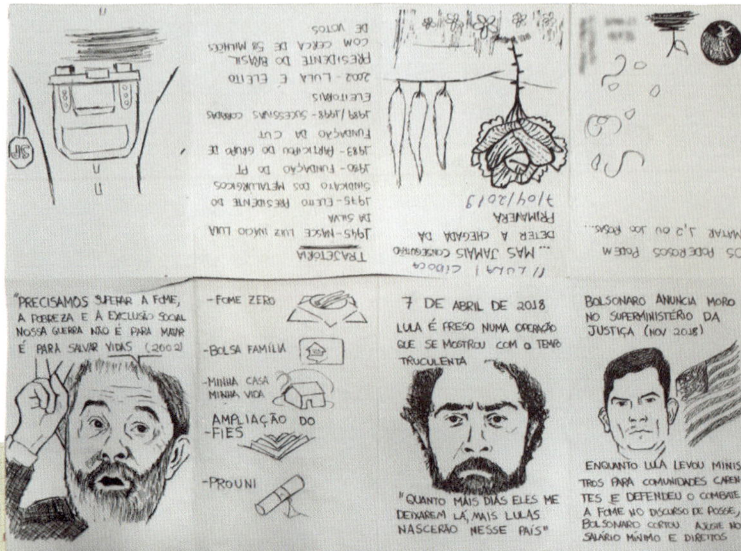
TRAJETÓRIA
1945 - NASCE LUIZ INÁCIO LULA DA SILVA
1975 - ELEITO PRESIDENTE DO SINDICATO DOS METALÚRGICOS
1980 - FUNDAÇÃO DO PT
1983 - PARTICIPOU DO GRUPO DE FUNDAÇÃO DA CUT
1989/1998 - SUCESSIVAS CORRIDAS ELEITORAIS
2002 - LULA É ELEITO PRESIDENTE DO BRASIL COM CERCA DE 58 MILHÕES DE VOTOS

... MAS JAMAIS CONSEGUIRÃO DETER A CHEGADA DA PRIMAVERA
7/04/2019

OS PODEROSOS PODEM MATAR 1,2 OU 300 ROSAS...

"PRECISAMOS SUPERAR A FOME, A POBREZA E A EXCLUSÃO SOCIAL. NOSSA GUERRA NÃO É PARA MATAR, É PARA SALVAR VIDAS" (2002)

- FOME ZERO
- BOLSA FAMÍLIA
- MINHA CASA MINHA VIDA
- AMPLIAÇÃO DO FIES
- PROUNI

7 DE ABRIL DE 2018
LULA É PRESO NUMA OPERAÇÃO QUE SE MOSTROU COM O TEMPO TRUCULENTA

"QUANTO MAIS DIAS ELES ME DEIXAREM LÁ, MAIS LULAS NASCERÃO NESSE PAÍS"

BOLSONARO ANUNCIA MORO NO SUPERMINISTÉRIO DA JUSTIÇA (NOV 2018)

ENQUANTO LULA LEVOU MINISTROS PARA COMUNIDADES CARENTES E DEFENDEU O COMBATE À FOME NO DISCURSO DE POSSE, BOLSONARO CORTOU AJUSTE NO SALÁRIO MÍNIMO E DIREITOS

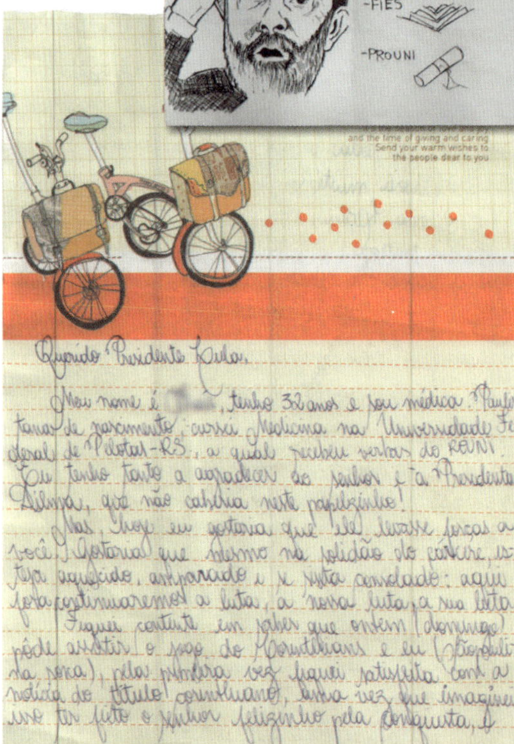
Querido Presidente Lula.

Meu nome é [...], tenho 32 anos e sou médica. Paulistana de nascimento, cursei Medicina na Universidade Federal de Pelotas-RS, a qual recebeu verbas do REUNI. Eu tenho tanto a agradecer ao senhor e à Presidenta Dilma, que não caberia neste papelzinho!

Mas, hoje eu gostaria que ele levasse forças a você. Gostaria que mesmo na solidão do cárcere, esteja aquecido, amparado e se sinta consolado: aqui fora continuaremos a luta, a nossa luta, a sua luta.

Fiquei contente em saber que ontem (domingo) pôde assistir o jogo do Corinthians e eu (são-paulina roxa), pela primeira vez fiquei satisfeita com a notícia do título corinthiano, uma vez que imaginei isso ter feito o senhor felizinho pela conquista. E

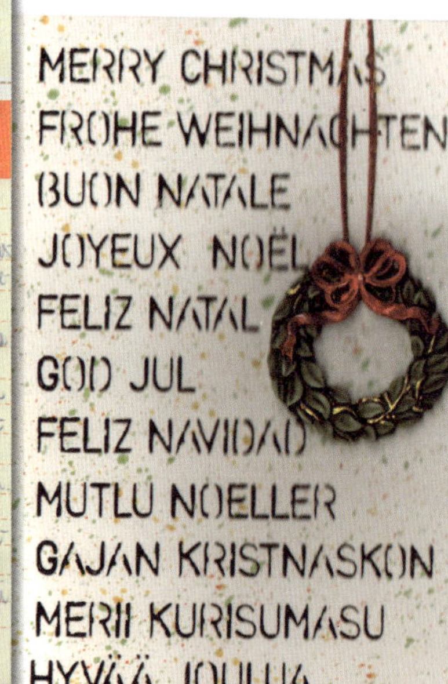

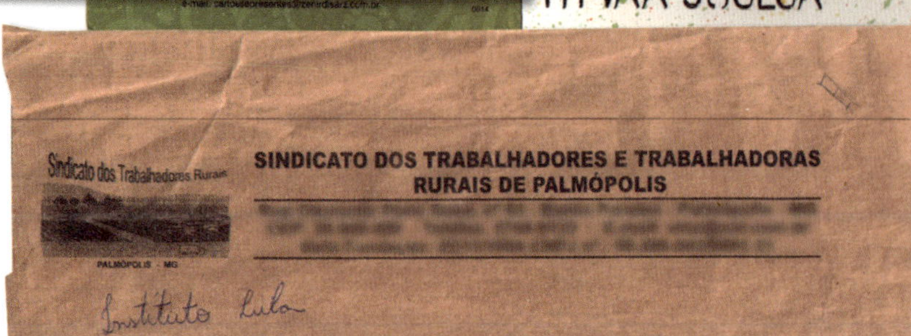
Sindicato dos Trabalhadores Rurais
PALMÓPOLIS - MG
SINDICATO DOS TRABALHADORES E TRABALHADORAS RURAIS DE PALMÓPOLIS

Instituto Lula

São Paulo, 29 de agosto de 20
A um brasileiro. A um companheiro. Ao companheiro e marido da Marisa; ao companheiro e amigo daquele ali e desta aqui. A um homem simples. Ao homem que simplesmente permitiu que qualquer outro homem pudesse sentir orgulho por ser um "simples" brasileiro. Aquele que sonhou ser; àquele que foi; àquele que é, que sempre será. A você, "o cara" do mundo; a você, nosso Lula brasileiro
ELEIÇÃO SEM LULA É FRAUDE
LULA
NÓS VAMOS SAIR DESSA! VAMOS NOS LIVRAR DESSE BANDO DE PALHAÇOS (ABUTRES, PÚSTULAS, SANGUESSUGA) APROVEITADORES QUE NÃO AMAM O BRASIL. VOCÊ É MUITO MAIOR QUE ELES, LULA!!! SOMOS MUITO MAIORES QUE ELES. SOU , SOU MÃE, JOVEM, ARTISTA. SOU FELIZ POR SER CONTEMPORÂNEA
Superintendência
Polícia federal
Para Luiz Inácio Lula da Silva
R. Profa. Sandália Monzon 210
Santa Cândida
Curitiba- PR
CEP 82640-040
Feliz Natal
Querido Lula

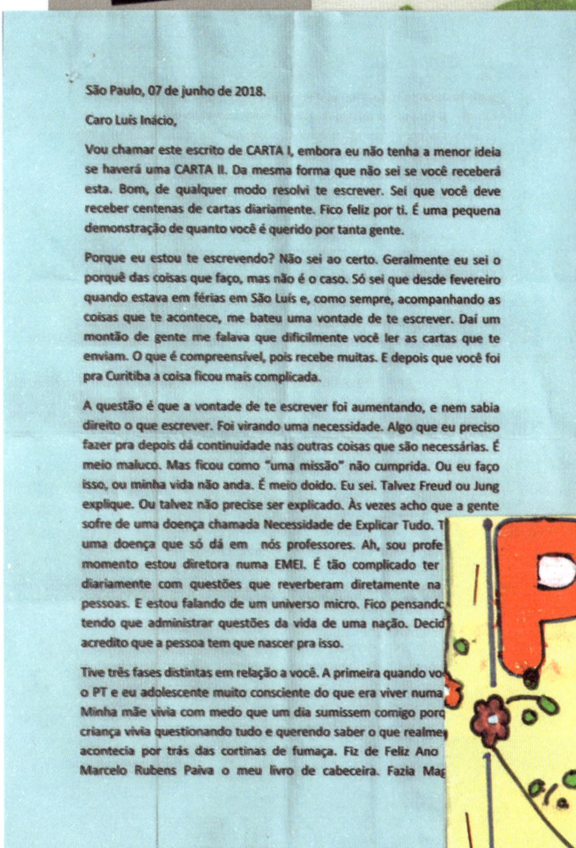

São Paulo, 07 de junho de 2018.

Caro Luís Inácio,

Vou chamar este escrito de CARTA I, embora eu não tenha a menor ideia se haverá uma CARTA II. Da mesma forma que não sei se você receberá esta. Bom, de qualquer modo resolvi te escrever. Sei que você deve receber centenas de cartas diariamente. Fico feliz por ti. É uma pequena demonstração de quanto você é querido por tanta gente.

Porque eu estou te escrevendo? Não sei ao certo. Geralmente eu sei o porquê das coisas que faço, mas não é o caso. Só sei que desde fevereiro quando estava em férias em São Luís e, como sempre, acompanhando as coisas que te acontece, me bateu uma vontade de te escrever. Daí um montão de gente me falava que dificilmente você ler as cartas que te enviam. O que é compreensível, pois recebe muitas. E depois que você foi pra Curitiba a coisa ficou mais complicada.

A questão é que a vontade de te escrever foi aumentando, e nem sabia direito o que escrever. Foi virando uma necessidade. Algo que eu preciso fazer pra depois dá continuidade nas outras coisas que são necessárias. É meio maluco. Mas ficou como "uma missão" não cumprida. Ou eu faço isso, ou minha vida não anda. É meio doido. Eu sei. Talvez Freud ou Jung explique. Ou talvez não precise ser explicado. Às vezes acho que a gente sofre de uma doença chamada Necessidade de Explicar Tudo. T
uma doença que só dá em nós professores. Ah, sou profe
momento estou diretora numa EMEI. É tão complicado ter
diariamente com questões que reverberam diretamente na
pessoas. E estou falando de um universo micro. Fico pensand
tendo que administrar questões da vida de uma nação. Decid
acredito que a pessoa tem que nascer pra isso.

Tive três fases distintas em relação a você. A primeira quando vo
o PT e eu adolescente muito consciente do que era viver numa
Minha mãe vivia com medo que um dia sumissem comigo porq
criança vivia questionando tudo e querendo saber o que realme
acontecia por trás das cortinas de fumaça. Fiz de Feliz Ano
Marcelo Rubens Paiva o meu livro de cabeceira. Fazia Mag

É TEMPO DE dar
A resposta
Á TODA S
AS MENTIRAS
ANSFORMANDO
O BRASIL
QUE NÓS QUEREMOS
SEM Fraudes
Nossa Senhora das Graças
#Lula Livre
#Lula Livre
Lula Livre
Lula Livre
NINGUÉM SOLTA A MÃO DO LULA
LINHAS DE SAMPA

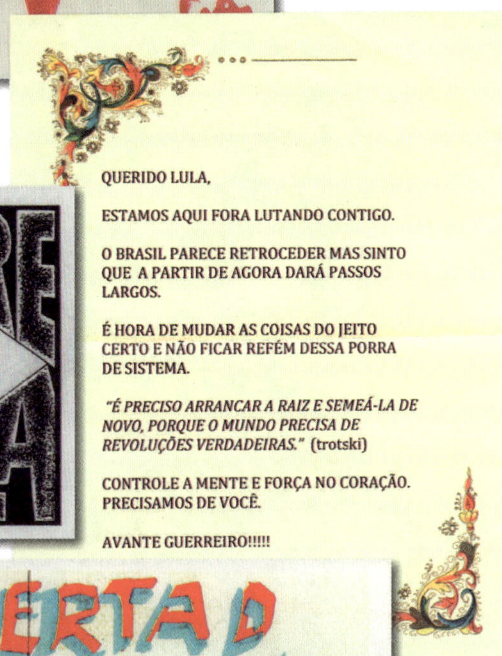

QUERIDO LULA,

ESTAMOS AQUI FORA LUTANDO CONTIGO.

O BRASIL PARECE RETROCEDER MAS SINTO QUE A PARTIR DE AGORA DARÁ PASSOS LARGOS.

É HORA DE MUDAR AS COISAS DO JEITO CERTO E NÃO FICAR REFÉM DESSA PORRA DE SISTEMA.

"É PRECISO ARRANCAR A RAIZ E SEMEÁ-LA DE NOVO, PORQUE O MUNDO PRECISA DE REVOLUÇÕES VERDADEIRAS." (trotski)

CONTROLE A MENTE E FORÇA NO CORAÇÃO. PRECISAMOS DE VOCÊ.

AVANTE GUERREIRO!!!!!

LIBERDADE

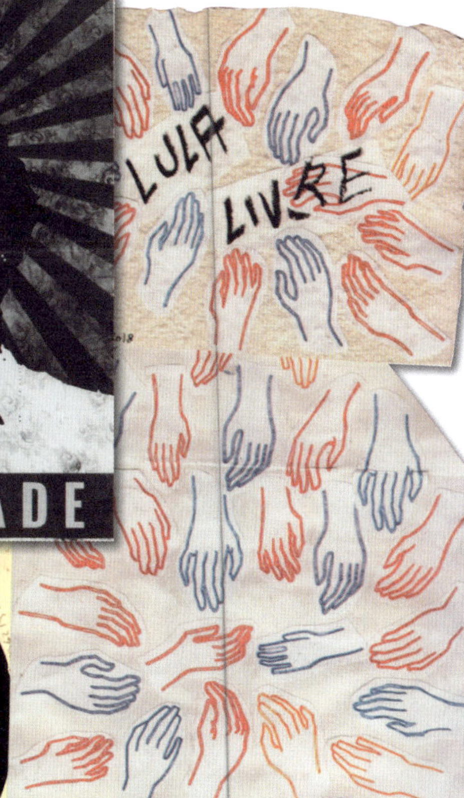
LULA
LIVRE

Lula livre

LULA
INOCENTE

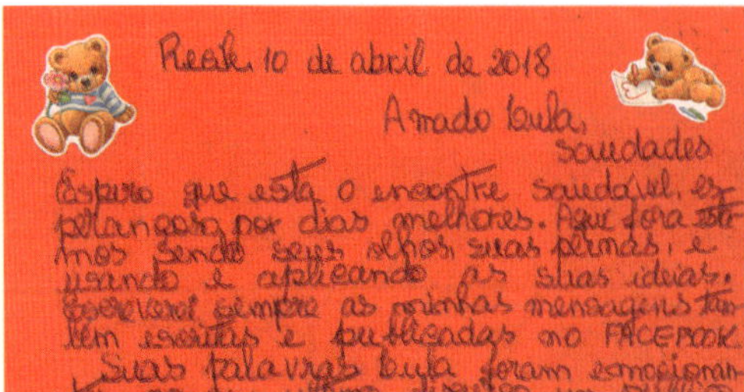
Recife, 10 de abril de 2018
Amado Lula,
Saudades
Espero que esta o encontre saudável, esperançoso por dias melhores. Aqui fora estamos sendo seus olhos, suas pernas, e usando e aplicando as suas ideias. Escreverei sempre as minhas mensagens também escritas e publicadas no FACEBOOK.
Suas palavras Lula foram emocionantes

LOVE
YOU!
LULA
ÚNICO
LEAL
AMIGO

LULA

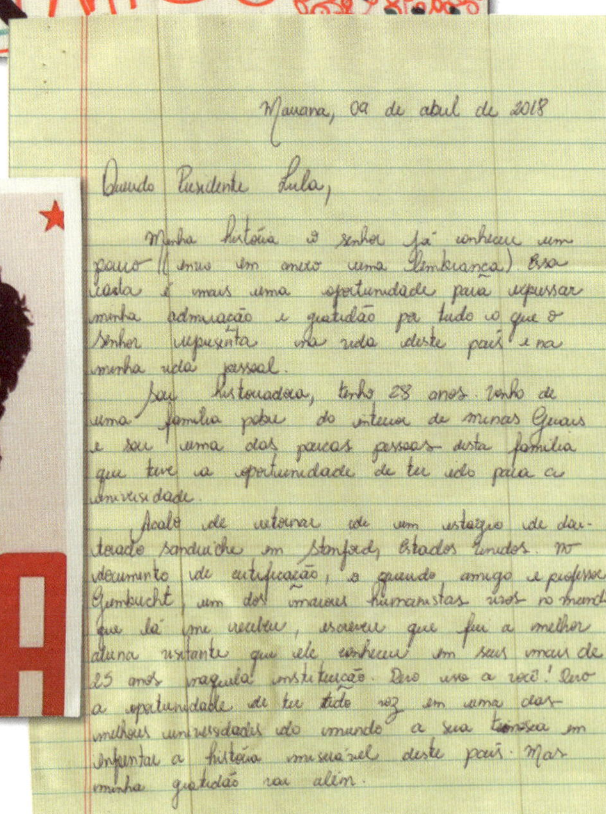
Mariana, 09 de abril de 2018
Querido Presidente Lula,
Minha história o senhor já conheceu um pouco (envio em anexo uma lembrança). Essa carta é mais uma oportunidade para expressar minha admiração e gratidão por tudo o que o senhor representa na vida deste país e na minha vida pessoal.
Sou historiadora, tenho 28 anos. Venho de uma família pobre do interior de Minas Gerais e sou uma das poucas pessoas desta família que teve a oportunidade de ter ido para a universidade.
Acabo de retornar de um estágio de doutorado sanduíche em Stanford, Estados Unidos. No documento de certificação, o querido amigo e professor Gumbrecht, um dos maiores humanistas vivos no mundo que lá me recebeu, escreveu que fui a melhor aluna visitante que ele conheceu em seus mais de 25 anos naquela instituição. Devo isso a você! Devo a oportunidade de ter tido vez em uma das melhores universidades do mundo a sua teimosia em enfrentar a história miserável deste país. Mas minha gratidão vai além.

Uberlândia, 1º de junho de 2019

Oi, Lula.

Meu pai, às vezes, esquece meu nome. Mas, esses dias, perguntei se ele lembrava o dia em que você foi eleito pela primeira vez e ele sorriu satisfeito e disse que sim.

Isso me fez ter certeza de que precisava concretizar um desejo antigo: escrever pra você. Que bom que você gosta de ler, porque hoje eu tenho uma história pra contar. Espero que goste de ouvir, porque ela também é sobre você.

Eu sou a Paula. Tenho 24 anos, nasci em Ituiutaba e cresci em Uberlândia. Meu pai, Alcir, tem 58 anos e uma longa vida em que esteve engajado no movimento dos trabalhadores e no sindicato dos trabalhadores de fumo.

Até 2016, ele trabalhava no setor. Parou porque foi diagnosticado com um câncer no cérebro que é incurável - isso explica por que ele, às vezes, esquece quem eu sou, mas, o que quero te mostrar é o motivo que faz com que ele não se esqueça do dia em que você foi eleito.

A história que tenho pra contar começa numa Paraíba que mora no meu imaginário. Minha avó, Maria, e meu avô, Adauto, cresceram no sertão. Aos 8 anos, meu avô começou a trabalhar como padeiro. Dos 10 irmãos da minha avó, apenas três ultrapassaram os dois anos de idade.

Desnutrição, casinha de taipa, febre tifóide, fome, miséria, necessidade de trabalhar que fez os dois abandonarem a escola antes de estarem totalmente alfabetizados.

Calos nas mãos, trabalho na roça, salários baixos, calor intenso, fava no almoço, fava na janta, migraram pra Minas em um pau de arara e eu juro que consigo imaginar os olhos da minha avó ávidos de esperança enquanto encarava as estrelas.

Uma história particular que, infelizmente, não fala só sobre minhas raízes, mas sobre um Brasil inteiro.

Aqui não foi tão mais fácil. Meu avô fazia de tudo. De tudo mesmo. Foi caseiro, pedreiro, operador de máquinas e caminhoneiro. Viajou o país inteiro, enquanto minha avó criava cinco filhos. Entre eles, minha mãe.

Eles só foram ter sua casa própria pouco antes de eu nascer. Uma vida inteira de trabalho. Meu avô só parou de transportar carga quando seu joelho ficou tão ruim que não dava mais pra dirigir. Minha avó nunca conseguiu a aposentadoria e continua tentando até hoje.

Os dois são as pessoas mais incríveis do mundo, Lula. Eles te adoram. Eles representam muitas coisas bonitas e possuem a rigidez, a beleza, o amor e o jeitinho gostoso de falar que, na minha cabeça, são a própria Paraíba.

Além da minha mãe, tiveram quatro filhos. Um virou mecânico, outro opera máquinas, um virou caminhoneiro, o outro é técnico agrícola. Alguns ainda vivem de aluguel e os que conquistaram a casa própria, só conseguiram depois dos quarenta anos de idade (adivinha quem estava no governo?).

Minha mãe foi a primeira da família a ter um diploma de ensino superior. Sempre foi o sonho dela, mas só pode realizá-lo depois de muita coisa.

Quando eu tinha dois anos de idade, meus pais e meu irmão vieram pra Uberlândia morar com minha tia.

Eles estavam tão sem dinheiro que precisavam de cestas básicas cedidas pelo meu avô materno para se manterem e precisaram me deixar morando com meus avós.

Pra eles foi horrível, pra mim foi ótimo. Antes dos quatro anos de idade, eu já tinha andado na boleia do caminhão do meu avô e conhecido Tocantins, Mato Grosso, Mato Grosso do Sul e um monte de lugares em Minas.

Enquanto isso, meus pais foram se organizando por aqui. Meu pai conseguiu trabalhar numa lotérica. Ele tinha ensino superior, pagou a própria faculdade porque ele era concursado do Banco do Brasil. Sempre foi o orgulho da família e olha que a história da família dele não é tão diferente da da minha mãe.

Quando criança, meu pai precisava apresentar um atestado de pobreza na escola pra conseguir material. Ele sempre me contava emocionado da minha avó indo pedir esse atestado na prefeitura. Quando moleque, ele vendia salgado na rua pra ajudar na renda de casa.

Ele sempre foi muito inteligente e artista. Aos 14 anos, um médico se ofereceu para pagar seus estudos de arte no Rio de Janeiro. Ele negou porque precisava ajudar a família. E mais tarde passou no concurso, fez sua faculdade e tava tudo indo bem, até que o Banco anunciou que algumas demissões seriam feitas e propôs acordo com alguns funcionários.

Meu pai foi um deles. Só que o banco não pagou. E aí vieram pra cá. Enfim, enquanto papai procurava emprego melhor, minha mãe também tinha que trabalhar. Aos poucos foram se ajeitando, conseguiram um aluguel, meu pai conseguiu uma vaga na Souza Cruz[12] e aí eu vim pra cá.

Lembro da saudade que sentia da minha mãe, que trabalhava o dia todo. Ela só foi fazer faculdade quando eu e meu irmão estávamos mais velhos.

Em 2005, o Banco pagou o que devia ao meu pai. Compramos nossa casa própria. Foi o mesmo ano de formatura da mamãe. Formou-se em Pedagogia pela Universidade Federal de Uberlândia aos 42 anos de idade. Era a mais velha da turma. Você precisava ver a cara dos meus avós no dia da sua formatura.

Desculpa estar contando tudo isso, mas é que eu preciso que você entenda o quanto você mudou nossas vidas.

Meu pai sempre falou de você. Desde que me entendo por gente. Antes mesmo de eu entender o que era política, antes de pensar em esquerda ou direita, eu ouvia os discursos do meu pai sobre você.

No dia 27 de outubro de 2001, quando eu tinha praticamente acabado de completar 7 anos de idade, eu perguntei pra ele quando ele chegou da votação: "Votou no Lula, né?". Ele riu e falou que votou no Serra. Briguei com ele. Ele riu e disse que era uma piada, claro que ele tinha votado no Lula.

A sua eleição transformou o país. A ONU sabe disso. Qualquer um sabe disso. Só ignora quem vive de textão no WhatsApp e fake news. Mas, falar só isso, não dá a dimensão exata do que você fez.

Quando você foi eleito, as coisas começaram a dar certo na minha família. Teve a nossa casa, a formatura, eu e meu irmão conseguimos bolsa em escola particular.

Lá tinha um monte de playboy e todo mundo te odiava. Briguei com vários professores porque eles criticavam

Bolsa Família, falavam que era uma política que acomodava e tudo isso que você já deve estar cansado de ouvir.

Todos os alunos concordavam. Menos eu. Brigava sempre porque eu sabia que, fora do mundo colorido da classe média, tinha gente que morria de fome. Gente que não tem nem o que comer, não tem a menor condição de trabalhar, de estudar. É óbvio.

Sempre imaginei como seria se tivesse Bolsa Família na época dos meus avós. Será que minha bisavó teria enterrado tantas crianças? Será que meu avô saberia escrever melhor? Será que ele teria que ser padeiro aos oito anos? Eu acho que não. Pena que, antes de você, ninguém olhou pra eles. Obrigada por ter olhado.

Com 17 anos, no final de 2011, eu passei no vestibular pro curso que sempre quis. Jornalismo, Lula, na UFU. O curso foi aberto em Uberlândia graças ao Reuni.

Vivi uma época maravilhosa na faculdade. Os debates sobre educação e sucateamento da universidade já existiam, é verdade, mas eu vi coisas muito bonitas.

Eu que só fui andar de avião pela primeira vez aos 18 anos, vi amigos indo morar no exterior com tudo bancado graças ao Ciência sem Fronteiras. Intercâmbio, essa coisa que na minha infância era coisa de gringo da Disney, passou a ser uma realidade próxima, tangível. Eu ganhava bolsa de pesquisa desde o primeiro ano da faculdade e estudei cultura regional, formação de jornalista, democracia, acesso à informação e democratização da comunicação.

Me formei com 21 anos. Meu TCC foi sobre a cobertura das passeatas pró-impeachment e sobre o modo irresponsável como a mídia as fez, impactando de maneira totalmente absurda o nosso processo democrático.

No dia da minha formatura meus pais choraram muito. Eles sempre valorizaram minha educação porque eles sabem o tanto que é difícil que gente que nasce em berço pobre tenha acesso à riqueza de uma universidade. E eu tive. Graças às políticas do seu governo.

(Ah, uma coisa: nesse cenário caótico, todos os meus amigos playboys do Ensino Médio hoje são 100% Lula Livre. É impossível não reconhecer o que você fez. É impossível.)

Hoje, eu tenho 24 anos. Ano passado eu comprei meu apartamento. Acredita? Enquanto meus pais só conseguiram fazer um financiamento depois dos 40, eu consegui com 23 financiar meu apêzinho pelo Minha Casa, Minha Vida.

O lugar que eu estou hoje é resultado das raízes da minha história. Tudo que conquistei, veio da luta deles. Veio do suor dos meus avós no sertão, da veia sindicalista do meu pai na fábrica, da jornada tripla da minha mãe. E todas essas coisas só passaram a importar no Brasil depois que você se tornou presidente.

Reconheço sem dificuldade o quanto as minhas conquistas são um reflexo do governo do PT. Obrigada por isso.

Como militante, os últimos anos têm sido bem difíceis pra mim. Sofri muito. O impeachment da Dilma doeu em mim e dói até hoje. Ela é a mulher mais forte que conheço. A perseguição contra você. A morte da Dona Marisa, sua prisão. Nossa, como eu fiquei emocionada vendo as suas fotos nos braços do povo. E aí a eleição desse monstro. Não tem sido um período fácil, você sabe disso.

Sou mulher, negra e de origem pobre. Os atentados contra a democracia, atentam diretamente contra a minha existência. E eu sei, e você também, que eles aconteceram justamente porque as pessoas que usam black tie não conseguem ver gente como eu em lugares que, antes, eram só deles.

Eu fiz uma universidade pública. Eu tenho carro. Casa própria. Eu viajo. Ando de avião. Tenho um celular bom. Era gerente no meu emprego (já já te conto porque saí).

E eu juro, Lula, que todas as vezes que entro em uma reunião com algum cliente importante, eles me olham e não esperam nada de mim. Só que eu sei de onde eu vim. Eu nunca me esqueço. E gente como eu estuda 5x mais pra ocupar os espaços. Não tem uma única vez em que eles não fiquem surpresos com minha capacidade. E com raiva.

Mas, apesar disso tudo, eu sinto muito orgulho de estar do lado certo da história. De não esquecer nem por um segundo o lugar de onde eu vim. De não me deixar levar pelo comodismo. Ser de esquerda, acreditar em você, acreditar no PT, acreditar em gente e ver pessoas ao invés de números é, pra mim, um motivo enorme de orgulho. É como se a minha existência me ultrapassasse.

E foi isso que me fez sair do emprego. Trabalhei com publicidade nos últimos anos e só lidava com dono de empresa. Gente rica, racista, machista, homofóbica e que, em reuniões, admitiam que votariam no Bolsonaro porque "ai o PT destruiu minha vida".

Eu não gosto de gente de plástico. Eu gosto de gente de verdade. Eu gosto de política. Eu gosto de engajar as pessoas. Eu gosto de ver a luta do MST, eu gosto de ver a luta dos secundaristas, eu gosto da minha luta e tenho um orgulho imenso da minha militância.

Estou me mudando pra Brasília daqui duas semanas. Foi uma decisão difícil, por conta da doença do meu pai, mas ele sempre me motivou a estar viva e a lutar pelo que eu acredito. Sempre me falou que tenho que trabalhar, mas, principalmente, me incentivou a ser feliz.

Quero trabalhar com as coisas que acredito, apesar de não saber muito bem o que fazer. Meu primeiro passo, vai ser me filiar ao PT de lá. Quero lutar com vocês, que fizeram tanto por mim sem nem me conhecer. Quero fazer pelos outros o que vocês fizeram.

Obrigada por tudo, Lula. Obrigada, obrigada, obrigada. Eu e minha família somos eternamente gratos. Queria muito que meu pai pudesse te escrever, ele escrevia coisas lindas. Essa carta não chega aos pés da que ele te escreveria. Sempre falo de você pra ele. Ultimamente, ele não consegue falar muitas palavras. Mas, esses dias, quando contei pra ele da sua entrevista para o Intercept, ele disse: "Ele é o cara". E você é mesmo.

Obrigada por tudo. Sinto muito por tudo que você está passando. Espero que a justiça seja feita, que os erros sejam reconhecidos e que, muito em breve, você possa estar em liberdade e na rua, inspirando pessoas, olhando pra gente que todo mundo acha que é invisível e lutando pelo reconhecimento dessas pessoas. Obrigada por ver gente como meus avós. Obrigada por ver gente como meus pais. Obrigada por ter aberto caminhos pra gente como eu.

Vou estudar muito. Espero que, em 2022, eu seja uma das estrategistas da sua campanha presidencial.

Boa sorte. Boas energias. Todo o amor do mundo pra você. Permaneça firme.

Um abraço,

Paula Maria Nascimento Teixeira.

P.S.: Aqui uma foto minha e do meu pai, quando ele estava um pouquinho melhor.

Rio de Janeiro, 20 de agosto de 2019

Rio, 20/08/19

Meu querido Lula;

Espero que esta carta te encontre em paz, sereno. Imagino a força, fé e coragem que você precisou ter para chegar até aqui, lúcido, lutando, cheio de vontade de mostrar aos que de você duvidaram o tamanho do golpe que deram, no país e em todos nós, para te prender aí.

Hoje marca a triste data de 500 dias do seu cárcere injusto. Ao mesmo tempo que mostra a baixeza a que estamos submetidos, também é uma data que marca e mostra a imensidão do seu caráter.

Tempos atrás, enquanto estava estudando "Literaturas Africanas" na faculdade fui surpreendida ao ver como a literatura, nesses países, estava profundamente ligada à luta pela independência e liberdade desses povos. Muitos escritores foram presos por anos, alguns depois se tornaram presidentes ou grandes líderes políticos desses países. Lembro de, na época, ficar pensando sobre o que era "perder" anos e anos de suas vidas por lutarem e acreditarem em suas ideias e ideais. Me fez refletir sobre o tipo de grandeza que se deve ter, o tipo de espírito raro que se submete ao cerceamento do corpo por saber que não se vive cerceado de todo quando há uma luta pela qual vale à pena viver.

Hoje vejo que aquilo que tanto me impressionou, seja pela torpeza e tirania dos poderosos, seja pela coragem e fortaleza de espírito dos que resistiram, acontece no nosso país. Pra mim era certo que nunca mais viveríamos uma época de perseguição, de uso do Estado e suas forças contra um indivíduo ou o próprio povo. Infelizmente eu, em algum momento e por um bom tempo, acreditei que a Democracia tinha sido uma conquista. Eu não entendi que ela é, na verdade, uma luta travada diariamente – e que está sempre sob risco.

Passados 500 dias eu me lembro que poucas horas/dias antes você esteve no Circo Voador, no Rio de Janeiro. Durante um bom tempo eu fiquei do lado de fora da garagem, tentando ver você chegar. Não consegui. Infelizmente tb não consegui entrar mas fiquei vendo você pelo telão. E quando você falou, Lula, ah!!! Quando você falou eu entendi o tamanho do seu espírito, a imensidão do seu caráter, entendi o que é, de verdade, um líder. Ainda me arrepio lembrando de tudo que você falou. Ainda fecho os olhos e te ouço dizendo que seremos nós sua voz, pernas e braços quando você não puder caminhar pq aprisionaram o seu corpo. E sou capaz de chorar as mesmas lágrimas.

Nesses 500 dias nosso país mudou e foi para pior, Lula. Pela primeira vez em tantos anos você não estava na TV, falando com a gente. Tentaram te apagar pois sabem que é a única maneira de te vencerem. Mas nem assim, pois mesmo preso era você o vencedor. Foi tanta coisa ruim e tanta tristeza que me atenho a pensar, apenas no que tirar de bom.

Nesses 500 dias não te faltou companhia do lado de fora. De todo o país veio gente para lhe dar um bom dia ou boa noite, para que você soubesse que não estava só.

Nesses 500 dias centenas e centenas de brasileiros escreveram cartas, enviaram presentes, preocuparam-se com o frio que você podia sentir, mandaram casacos, cobertores, mantas para te aquecer.

Nesses 500 dias não houve uma única derrota que não tenha encontrado antes a luta e a resistência. Professores, alunos e pais contra cortes na Educação. Alunos colocando interventor para fora da escola. Desde a eleição do monstro perdemos muita coisa sim. Mas o que eles não sabem é a vitória que existe na luta, na resistência, no saber que um dia seremos nós, de novo, pelo povo.

Nesses 500 dias não houve nenhum, nenhum, que não encontrasse na voz de tantos a certeza de que "no tempo do Lula era melhor", que "o Lula nunca ia permitir isso", que "com o Lula o povo come todo dia". Você continua na boca do povo – e o povo continua apaixonado por você. E isso "eles" nunca vão entender.

Não entendem e nunca entenderão pq liderança é uma conquista. Pq são incapazes de olhar pros que nada tem com o olhar que dedicaram aos que, antes de você, tudo podiam e tudo tinham. Não entendem política como construção de um país, como meio, como caminhada que não se faz sozinho.

O que neles falta, em você sobra, Lula. Que Deus te mantenha forte, firme e sereno para que você passe por essa tormenta cujo fim está mais próximo do que antes esteve. Que sua fé te mantenha em paz e com o espírito fortalecido.

Hoje você escreveu à Vigília dizendo que ela é a sua maior certeza de que vale a pena acreditar no povo. E eu quero terminar te dizendo que você nunca esteve sozinho pq você é a maior certeza de que vale acreditar no Brasil.

A sua vitória está próxima.

Tenha força, fé e coragem!

Com amor e
carinho, Bruna.

Presidente Prudente, 20 de outubro de 2019

Saudações

"Querido e eterno "Presidente Lula" o único que fez a diferença neste Brasil tão cheio de injustiça e desigualdade.

Eu que tenho 83 anos posso falar com esperiencia de causa. Neta, filha e esposa de pessoas que foram quaze a vida, semi escravizadas, então o Sr sabe que sofremos muito.

Porém estou lhe escrevendo por um motivo especial.

Quero parabeniza-lo pelo seu aniversário, receba meu abraço carinhoso, minhas orações, minha gratidão, por tudo que meus dois filhos conseguiram no seu governo e da querida Dilma "Presidenta".

Seu plano para os mais pobres, deu a eles esta chance. Sempre estudaram em escolas publica, mais esforçaram o máximo, passaram bem no vestibular e tiveram boas notas foram bolsistas. São doutores em Matemática e Geografia. São meu orgulho.

Porque com certeza eu como costureira e meu marido vendedor ambulante jamais poderíamos, estuda-los a este ponto. Hoje sou víuva de um nordestino, que foi muito trabalhador honesto, carinhoso e pai exemplar, me orgulho do legado que ele deixou para nós.

Termino deixando meu abraço, parabéns, case e seja feliz. Vejo todas suas entrevista, torço pela sua liberdade. Se puder seja nosso Presidente, ou indique alguém capaz de tirar-nos deste poço que jogaram nosso querido Brasil. Beijo. Abraços querido Presidente Lula. Sou papa Francisco, Snta Dulce e corintiana.

Ana de Oliveira Pimenta

esqueça os erros sei que tem muitos não pude estudar além dos 3º ano primaro, rural.

Ana de Oliveira Pimenta

LULA É
INOCENT

Notas

1 Em um de seus depoimentos, Lula contou uma anedota, como muitas vezes gosta de fazer: durante uma viagem oficial a Nova York, seus guarda-costas confundiram o cofre do quarto de um hotel de luxo com um micro-ondas e lá deixaram um frango que havia sido levado do Brasil.

2 Em 7 de abril de 2018, no momento em que o helicóptero que transportava Lula pousava na sede da Polícia Federal em Curitiba, policiais fizeram disparos com balas de borracha e lançaram bombas contra apoiadores do ex-presidente reunidos no local.

3 Em 29 de abril de 2015, funcionários públicos do Paraná, encabeçados por professores e estudantes da rede estadual, mobilizaram-se para protestar contra um projeto de lei que promovia mudanças no financiamento do regime de Previdência Social dos servidores do estado. Os manifestantes foram reprimidos pelos policiais em frente à Assembleia Legislativa do Paraná. Duzentas e treze pessoas, entre manifestantes e policiais, ficaram feridas. Em entrevista, Beto Richa, então governador do Paraná, culpou os *black blocs* pelo início do confronto.

4 Em janeiro de 2011, Dilma Rousseff concluiu o discurso de posse de seu primeiro mandato como presidenta, ressaltando o valor da coragem e do carinho no exercício do poder.

5 Semana dedicada ao escritor João Guimarães Rosa.

Sindicato dos Metalúrgicos do ABC, São Bernardo do Campo-SP, 9 de novembro de 2019 (dia da soltura).

6 Em 28 de março de 2018, vários ônibus de jornalistas que acompanhavam Lula e sua delegação nas reuniões de campanha pelo interior do Paraná foram alvo de tiros; ninguém ficou ferido.

7 Autobiografia do filho de um dos mais famosos desaparecidos políticos da ditadura. A obra, que se tornou um *best-seller* nos anos 1980, conta como o autor ficou tetraplégico aos 20 anos.

8 A carta foi escrita numa página arrancada de um bloco do banco Bradesco. A autora nota a ironia de suas críticas, de esquerda, redigidas neste papel.

9 Referência à frase do ex-presidente dos Estados Unidos, Barack Obama, que em 2009 se referiu a Lula como: "*This is my man, right here. I love this guy*". A frase ficou famosa e, desde então, Lula muitas vezes é chamado de "o cara".

10 Referência a um texto de mesmo nome do escritor Fabrício Carpinejar que aparece no livro *Cuide dos pais antes que seja tarde*, de 2018.

11 O babalorixá faz referência a dois casos de violência policial: em novembro de 2018, Rodrigo Alexandre da Silva Serrano, 26 anos, morador da favela Chapéu Mangueira (zona sul do Rio de Janeiro), foi executado por policiais em plena rua, enquanto esperava a mulher e os filhos. O guarda-chuvas que segurava foi confundido com uma arma. Os 111 disparos, feitos por policiais militares, são uma referência à execução de cinco jovens que estavam em um carro em Costa Barros, zona norte do Rio de Janeiro, em novembro de 2015.

12 Maior companhia de tabaco do Brasil.

Glossário

ABC – sigla para a região industrial e operária do sudeste de São Paulo, derivada das iniciais das cidades de Santo André, São Bernardo do Campo e São Caetano do Sul, onde Lula atuou como sindicalista e ativista durante muito tempo.

Bolsa Família – programa social de transferência de renda voltado para famílias vulneráveis introduzido em 2003.

Capes – sigla da Coordenação de Aperfeiçoamento de Pessoal de Nível Superior, vinculada ao Ministério da Educação, responsável pela gestão da pós-graduação no Brasil.

Ciência sem Fronteiras – programa de bolsas de estudo para estudantes de graduação realizarem intercâmbio em universidades estrangeiras criado em 2011.

Cepro – sigla do Centro Profissionalizante Rio Branco, organismo que promove a formação socioprofissional de adolescentes em situação de vulnerabilidade.

CLT – sigla para Consolidação das Leis Trabalhistas; editada em 1943, durante o governo de Getúlio Vargas, regulamenta as relações e direitos trabalhistas.

CNPq – sigla para Conselho Nacional de Desenvolvimento Científico e Tecnológico, órgão do governo federal vinculado ao Ministério de

Ciência, Tecnologia e Inovações e voltado para a promoção e o incentivo à pesquisa científica.

Cohabs – sigla para Companhias de Habitação Popular, sociedades de economia mista responsáveis pela implementação de políticas de habitação social em nível municipal.

CPT – sigla para Comissão Pastoral da Terra, organização criada em 1975, no âmbito da Conferência Nacional dos Bispos do Brasil (CNBB), composta de clérigos e leigos, que oferece serviços pastorais, mas também assistência social e apoio jurídico, a trabalhadores agrícolas e camponeses sem terra. Ligada às CEBs (Comunidades Eclesiais de Base), coletivos de mobilização paroquial baseados nos princípios da Teologia da Libertação, que se desenvolveram nas décadas de 1970 e 1980.

Diretas Já! – movimento social e político que emergiu durante os últimos meses da ditadura militar brasileira. Foi sustentado por grandes manifestações populares objetivando o retorno das eleições presidenciais com voto direto.

Fies – sigla para Fundo de Financiamento ao Estudante do Ensino Superior, programa de bolsas de estudo para o pagamento de cursos de ensino superior em universidades particulares estabelecido em 1999.

LGBTQIA+ – sigla que representa lésbicas, *gays*, bissexuais, travestis, transexuais e transgêneros, *queer*, intersexuais, assexuais e demais identidades de gênero e manifestações de sexualidade, bem como o movimento político e social que defende a diversidade e busca mais representatividade e garantia de direitos para essa população.

Luz para Todos – programa de eletricidade voltado para a zona rural criado em 2003.

Mais Médicos – programa de incentivo ao estabelecimento de médicos em regiões carentes desses profissionais que atraiu grande número de profissionais estrangeiros.

Minha Casa, Minha Vida – programa social de financiamento e subsídio de moradias populares criado em 2009.

MST – sigla do Movimento Sem Terra, que luta pela reforma agrária desde 1984.

PAC 1 e 2 – sigla dos Programas de Aceleração do Crescimento, do governo federal, de forte investimento em transportes, saneamento básico, habitação, energia e acesso à água, lançados em 2007 e 2010, respectivamente.

Prouni – sigla do Programa Universidade para Todos, estabelecido em 2005, que oferece bolsas de estudo para acesso ao ensino superior privado.

Pronatec – sigla do Programa Nacional de Acesso ao Ensino Técnico e Emprego, criado em 2011 para a formação profissionalizante continuada.

Pronaf – sigla do Programa de Fortalecimento da Agricultura Familiar, programa de crédito e assistência técnica aos pequenos produtores rurais e criado em 1996 sob a Presidência de Fernando Henrique Cardoso e desenvolvido sob os governos do PT.

Reuni – sigla do Programa de Apoio a Planos de Reestruturação e Expansão das Universidades Federais, criado em 2007 para desenvolver as universidades federais e torná-las acessíveis a um maior número de estudantes.

Sintepp – sigla do Sindicato de Trabalhadores e Trabalhadoras em Educação Pública do Estado do Pará.

SUS – sigla do Sistema Único de Saúde, sistema público de saúde estabelecido na Constituição Federal de 1988.

Agradecimentos

Este livro não seria possível se, num dia de julho de 2018, o Instituto Lula não tivesse aberto suas portas para uma pequena equipe de pesquisadoras e pesquisadores ansiosos por contribuir com a preservação e a valorização do formidável acervo de cartas que estava em processo de constituição à época. Nossos primeiros e mais calorosos agradecimentos vão para o diretor do Instituto, Paulo Okamotto, e para Claudia Troiano, militante incansável e pilar da instituição, pela confiança, assim como para o próprio presidente Lula, evidentemente, que da sua cela em Curitiba e depois, já livre, sempre afirmou seu desejo de ver essas cartas correrem o mundo. Calinka Lacort foi a alma e o braço incansável na recepção e na organização dessa correspondência, no contato atencioso e no cuidado com a preservação da intimidade dos correspondentes. Calinka foi auxiliada no enorme trabalho de arquivamento e digitalização por Bárbara Faria e Inês Higuchi, funcionárias do instituto; Ana Luíza e Flávia Ribeiro, colaboradoras; assim como por Ana Lagüéns, organizadora do livro, coordenadora da pesquisa documental e iconográfica e elo fundamental entre a equipe de pesquisadores e o instituto.

Este projeto reuniu vários companheiros de jornada que contribuíram, ao longo do tempo ou de maneira pontual, com a preservação deste material e as tarefas indispensáveis a esta publicação. João Lagüéns, Gustavo Guimarães e os camaradas da Rede Europeia pela Democracia no Brasil (Red.br) Carolina Rezende, Thomas Quillardet, François Calori e Mélanie Toulhoat, parceiros de leitura, reflexão e tradução; Rodrigo de Santis, cabeça pensante da exposição virtual; Stéphanie Lebrun, Violeta Kremer, Valentina Merli e a cineasta Flávia Castro, cujo investimento em um projeto de documentário inspirou profundamente esta obra; Alexandre Moreli e Pamela Almeida, braços fortes na digitalização das cartas; sem contar os numerosos militantes que transportaram caixas de papelão em seus porta-malas ou bateram nas portas de dezenas de missivistas em busca das autorizações para a publicação.

A Universidade Gustave Eiffel, ao conceder apoio financeiro decisivo para a preservação e a divulgação pública das cartas para Lula, enquanto ele ainda estava preso, demonstrou uma confiança na equipe de pesquisadoras e pesquisadores e uma coragem política que devemos saudar.

Por fim, nossos agradecimentos finais e mais profundos vão para as autoras e os autores destas cartas. Todas e todos que pudemos localizar aceitaram com entusiasmo e emoção ver suas palavras publicadas assim como, em muitos casos, seus nomes, apesar do risco que isso poderia implicar. Muitos propuseram nos ajudar. Os milhares de linhas de combate e solidariedade estendidas entre suas vidas e a prisão de Curitiba continuam assim a tecer uma rede muito mais ampla, e a contar uma história ainda maior.

Sobre os organizadores

Maud Chirio

Formada na École Normale Supérieure de Paris, graduada em história e sociologia, mestre e doutora em história, é professora na Universidade Gustave Eiffel (França). É especialista em história do Brasil republicano, com ênfase nas Forças Armadas, no aparelho repressivo e na extrema direita militar na ditadura (1964-1985). É autora do livro *A política nos quartéis: revoltas e mobilizações de oficiais na ditadura militar brasileira* (Zahar, 2012), também publicado em francês e inglês, e organizadora de *Pacificar o Brasil: história de um projeto* (Alameda, 2017, com Adriana Barreto, Angela Moreira e Luis Edmundo de Souza Moraes) e de *Crise política e virada conservadora no Brasil (2014-2018). O abismo brasileiro no espelho do mundo* (Appris, 2021, com Diogo Cunha e Rodrigo Nabuco de Araujo). Desde 2019, é copresidente da Red.br.

Ernesto Bohoslavsky

Graduado em história, mestre em ciências sociais e doutor em América Latina contemporânea, é professor na Universidad Nacional de General Sarmiento (Buenos Aires, Argentina). É especialista em história dos grupos, ideias e identidades de direita na Argentina, no Brasil e no Chile. Foi professor convidado no Brasil, no Chile, no Uruguai, na Colombia e na França. É autor de diversos artigos e livros, entre os quais estão

Historia mínima de las derechas latinoamericanas (México, no prelo) e *Las derechas argentinas en el siglo XX* (Tandil, 2021, em coordenação com Olga Echeverría e Martin Vicente).

Luciana Heymann
Graduada em história pela UFRJ, mestre em antropologia social pelo Museu Nacional/UFRJ e doutora em sociologia pelo Iuperj, é pesquisadora da Casa de Oswaldo Cruz/Fiocruz. Seus temas de investigação são a memória, o patrimônio e os arquivos. É autora de artigos e livros, dentre eles, *O lugar do arquivo: a construção do legado de Darcy Ribeiro* (2012).

Ana Lagüéns
Graduada em psicologia pela PUC-Rio, com formação em psicologia clínica e hospitalar. Tem experiência em pesquisa na área de saúde pública e atuação clínica em psicanálise. É também bacharel em direito (Universidade Estácio de Sá) e especialista em direito civil e processual civil, com foco de interesse na área de direito de família e mediação de conflitos. Atua como voluntária em pesquisa documental, registro e análise do processo de deterioração do Estado democrático de direito no Brasil.

Angela Moreira
Graduada em história pela UFBA, mestre em história social pela UFRJ e doutora em história pela FGV CPDOC. Pesquisa a história do Brasil republicano, com ênfase na história da justiça durante a ditadura militar e na atuação de tribunais políticos. É professora da Escola de Ciências Sociais da FGV CPDOC.

Benito Schmidt
Graduado, mestre e doutor em história. Desde 1994, atua como professor da Universidade Federal do Rio Grande do Sul (Porto Alegre, Brasil). Trabalha com temas da teoria da história e da história contem-

porânea, em especial a biografia histórica, a história do trabalho e a história LGBTQIA+. É autor de vários artigos e livros, dentre os quais está *Flavio Koutzii: biografia de um militante revolucionário, de 1943 a 1964* (Libretos, 2017).

Adrianna Setemy
Graduada em história pela UnB, é mestre e doutora em história pela UFRJ, com pós-doutorado pela UFRJ, pela UFPR e pelo CPDOC. Atua também como psicanalista. Especialista em história contemporânea da América Latina e do Brasil, em particular da ditadura militar, é autora de vários artigos e dos seguintes livros: *Entre a revolução dos costumes e a ditadura militar: As dores e as cores de um país em convulsão* (2019) e *Sentinelas das fronteiras: a diplomacia brasileira e a conexão repressiva internacional para o combate ao comunismo* (2018). É professora do mestrado profissional em história da PUC-Rio.

Instituto Lula, São Paulo-SP, 12 de novembro de 2019.

LEIA TAMBÉM

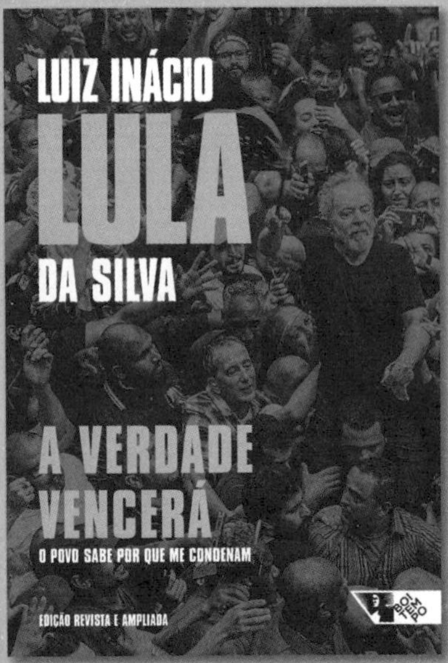

A verdade vencerá: o povo sabe por que me condenam

Luiz Inácio Lula da Silva

Edição especial Lula Livre

Organização de **Ivana Jinkings**, com a colaboração de **Gilberto Maringoni**, **Juca Kfouri** e **Maria Inês Nassif**

Com textos de **Eric Nepomuceno**, **Luis Fernando Verissimo**, **Luis Felipe Miguel** e **Rafael Valim**

Orelha de **Luiz Felipe de Alencastro**

"Não fui eleito para virar o que eles são, eu fui eleito para ser quem eu sou. Tenho orgulho de ter sabido viver do outro lado sem esquecer quem eu era." – Lula

A segunda edição de *A verdade vencerá: o povo sabe por que me condenam* é marcada por forte significado. Após 580 dias de prisão em Curitiba, impedido de participar das eleições presidenciais de 2018, na qual era favorito, Lula recebe de volta sua liberdade. Para celebrar, a Boitempo recoloca nas ruas um dos *best-sellers* de 2018. E para esta edição histórica Lula respondeu por escrito a doze novas questões, apresentando reflexões sobre seu período de cárcere e sobre temas variados, como o governo Jair Bolsonaro, a Venezuela de Nicolás Maduro, sua condição pessoal e sua intrínseca ligação com o povo brasileiro.

Somam-se ao conteúdo o discurso feito no Sindicato dos Metalúrgicos do ABC horas antes de ser preso, uma carta escrita por ele para ser lida na abertura do Salão do Livro Político de 2019, em São Paulo, a transcrição de sua fala no dia 9 novembro do mesmo ano, após ser solto e uma nova seleção de imagens.

OUTROS LANÇAMENTOS DA BOITEMPO

Bem mais que ideias: a interseccionalidade como teoria social crítica
PATRICIA HILL COLLINS
Tradução de Bruna Barros e Jess Oliveira
Orelha de Elaini Cristina Gonzaga da Silva

Um dia esta noite acaba
ROBERTO ELISABETSKY
Orelha de **Irineu Franco Perpétuo**
Quarta capa de **Odilon Wagner**

Justiça interrompida
NANCY FRASER
Tradução de **Ana Claudia Lopes e Nathalie Bressiani**
Orelha de **Flávia Biroli**

Lacan e a democracia
CHRISTIAN DUNKER
Orelha de Vladimir Safatle
Quarta capa de **Maria Lívia Tourinho Moretto e Nelson da Silva Jr.**

A questão comunista
DOMENICO LOSURDO
Organização e introdução **Giorgio Grimaldi**
Tradução de **Rita Coitinho**
Orelha de **Marcos Aurélio da Silva**

Sinfonia inacabada: a política dos comunistas no Brasil
ANTONIO CARLOS MAZZEO
Prólogo de Milton Pinheiro
Apresentação de Mauro Iasi
Orelha de Marly Vianna

ARSENAL LÊNIN

Conselho editorial: Antonio Carlos Mazzeo, Antonio Rago, Augusto Buonicore, Ivana Jinkings, Marcos Del Roio, Marly Vianna, Milton Pinheiro e Slavoj Žižek

Imperialismo, estágio superior do capitalismo
VLADÍMIR ILITCH LÊNIN
Tradução de **Edições Avante!** e **Paula Vaz de Almeida**
Prefácio de **Marcelo Pereira Fernandes**
Orelha de Edmilson Costa
Quarta capa de **György Lukács, István Mészáros e João Quartim de Moraes**

BIBLIOTECA LUKÁCS

Conselho editorial: José Paulo Netto e Ronaldo Vielmi Fortes

Goethe e seu tempo
GYÖRGY LUKÁCS
Tradução de **Nélio Schneider** com a colaboração de **Ronaldo Vielmi Fortes**
Revisão da tradução de **José Paulo Netto e Ronaldo Vielmi Fortes**
Orelha de **Ronaldo Vielmi Fortes**
Quarta capa de **Miguel Vedda**

ESCRITOS GRAMSCIANOS

Conselho editorial: Alvaro Bianchi, Daniela Mussi, Gianni Fresu, Guido Liguori, Marcos del Roio e Virgínia Fontes

Homens ou máquinas? escritos de 1916 a 1920
ANTONIO GRAMSCI
Seleção e apresenttação de **Gianni Fresu**
Tradução de **Carlos Nelson Coutinho e Rita Coitinho**
Orelha de **Marcos del Roio**

MARX-ENGELS

Esboço para uma crítica da economia política
FRIEDRICH ENGELS
Organização e apresentação de **José Paulo Netto**
Tradução de **Nélio Schneider**
Orelha de **Felipe Cotrim**

MUNDO DO TRABALHO

Coordenação de Ricardo Antunes
Conselho editorial: Graça Druck, Luci Praun, Marco Aurélio Santana, Murillo van der Laan, Ricardo Festi, Ruy Braga

O solo movediço da globalização
THIAGO AGUIAR
Prefácio de **Ruy Braga**
Orelha de **Ricardo Antunes**
Quarta capa de **Judith Marshall, Leonardo Mello e Silva e Paula Marcelino**

Este livro, cuja primeira edição foi publicada em maio de 2022, dezenove meses após a libertação do ex-presidente Luiz Inácio Lula da Silva, foi composto em Adobe Garamond, corpo 12/15,6, e Special Elite, corpo 11/16,5, e reimpresso em papel Offset 90 g/m² pela gráfica Rettec, para a Boitempo, em julho de 2022, com tiragem de 5 mil exemplares.